Guten Tag!

Drei Länder und nur eine Destination, „die Regio", das Gebiet rund um Freiburg, Basel und Colmar. Kaum irgendwo sonst in Europa haben Staatsgrenzen eine so geringe Bedeutung. Ohne Einschränkungen kann man zwischen Deutschland, Frankreich und der Schweiz hin und her pendeln, kann die kulturelle, sprachliche und kulinarische Vielfalt genießen.

HIGHLIGHTS IM DREILÄNDERECK

Es ist eine Region wie geschaffen zum Urlauben. Nicht zuletzt wegen des angenehmen Klimas. Der Oberrheingraben ist eine der wärmsten mitteleuropäischen Landschaften. Für ein Übriges sorgt die abwechslungsreiche Landschaft. Von der vom Wein- und Obstanbau geprägten Oberrheinischen Tiefebene ist es nicht weit bis zum Schwarzwald.
In Sachen Kunst und Kultur wetteifern Freiburg, Basel und Colmar miteinander. Was aber die moderne Architektur angeht, hat Basel die Nase vorn. Hier bzw. im nahen Umland baute in den letzten Jahren die internationale Architektenelite. Es sind faszinierende Baukonstruktionen entstanden, die teilweise bedeutende Museumssammlungen beherbergen. Was Sie sich unbedingt anschauen müssen, stellen wir Ihnen in „Zur Sache" auf Seite 110 f. vor.

EINE REGION FÜR GENIESSER

Bei so viel Natur und Kunst darf der Genuss nicht zu kurz kommen. Cornelia Tomaschko verrät uns ihre Lieblingsrestaurants. Sie lädt Sie vom Freiburger Schlossberg aus zum kulinarischen Gipfelsturm ein (S. 41), und im Elsass steht die Weinprobe unter dem Motto „wandern, lernen, kosten" (S. 87).
Herzlich

Ihre

Birgit Borowski

Birgit Borowski
Redaktion DuMont Bildatlas

»OHNE EINSCHRÄNKUNGEN KANN MAN DIE KULTURELLE, SPRACHLICHE UND KULINARISCHE VIELFALT GENIESSEN.«

Der Fotograf Ralf Freyer ist in Freiburg zu Hause. So lag ihm die Fotografie dieses DuMont Bildatlas besonders am Herzen.

Cornelia Tomaschko, Journalistin in Ettlingen, kennt Freiburg und die Regio seit ihrem Studium. Heute ist sie allein oder mit der Familie häufig dort unterwegs.

Fachwerkhäuser und üppiger Blumenschmuck kennzeichnen das Elsass und Colmar, die schönste Stadt der Region.

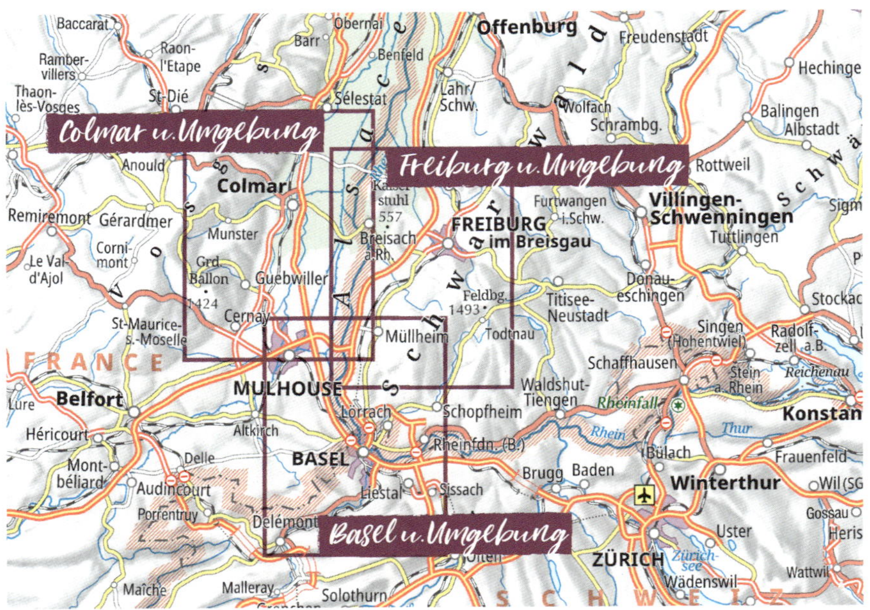

Stararchitekten wirken in Weil am Rhein und in Basel.

Unvergesslich der Blick vom Belchen.

Das Beste erleben

Berührend, aufregend und spannend ...
sind unsere Ideen, die wir für Ihren Aufenthalt
im Dreiländereck zusammengetragen haben.

Grandiose Bauten

*** 1 ***

FREIBURGER MÜNSTER

Der Bau ist gewaltig, die Aussicht vom Turm ebenfalls.
Seite 39

*** 2 ***

BREISACHER MÜNSTER

Imposant ragt das Breisacher Münster über der Stadt an der Grenze zu Frankreich empor.
Seite 53

*** 3 ***

LA PETITE VENISE

Colmars Schokoladenseite: Klein-Venedig, das Viertel an der Lauch.
Seite 70

Große Kunst

*** 4 ***

MUSÉE D'UNTERLINDEN

Weltberühmt: Mit dem Isenheimer Altar schuf Matthias Grünewald ein Meisterwerk. Zu sehen im Museum Unterlinden in Colmar.
Seite 70

*** 5 ***

VITRA DESIGN MUSEUM

Innen wie außen zeigt das Vitra Design Museum, was Designer und Architekten können.
Seite 113

*** 6 ***

FONDATION BEYELER

Ziel der Kunstfreunde aus dem In- und Ausland: die Sammlung Beyeler bei Basel.
Seite 114

Fantastisches Erleben

* 7 *

WEINFESTE ALLERORTEN

Anlässlich der farbenfrohen Weinfeste holen Elsässer Winzer ihre besten Tropfen aus dem Keller – auch in Eguisheim.
Seite 86

* 8 *

ECOMUSÉE D'ALSACE

Wie unsere Vorfahren lebten und arbeiteten, zeigt das Ecomusée d'Alsace in Ungersheim.
Seite 87

* 9 *

BASLER FASNACHT

72 Stunden lang feiern die Basler ihre Fasnacht – ausgelassen und melancholisch zugleich.
Seite 103

Grüne Wunder

* 10 *

KAISERSTUHL

Der Kaiserstuhl steht für Wein und Wandern.
Seite 53

* 11 *

SCHAUINSLAND

Auf Freiburgs Hausberg muss man einfach gewesen sein.
Seite 54

IM ZEICHEN DER SONNE

Als eines der schönsten Dörfer Frankreichs gilt Riquewihr, das mit einem nahezu unversehrten Stadtbild aus dem 16. Jahrhundert viele Besucher anzieht. Auch die Lage bezaubert, befindet sich der Ort doch direkt an der elsässischen Weinstraße am Fuß der Vogesen.

TEMPEL DER KÜNSTE

Kunstliebhaber nehmen weite Wege auf sich, um die neuesten Ausstellungen in der Fondation Beyeler zu besuchen. Das Museum in Basel-Riehen gehört zum Besten, was das Dreiländereck in dieser Hinsicht zu bieten hat. Auch das Ausstellungsgebäude selbst ist Kunst, wurde es doch von Stararchitekt Renzo Piano entworfen.

EINFACH GENIESSEN

Wie viele Gasthäuser, Straußenwirtschaften und Gourmetrestaurants hier zu finden sind, kann keiner sagen. Die Lebensart erschließt sich aber nur dem, der sich die einzigartige Mischung aus badischer, elsässischer und schweizerischer Küche auf der Zunge zergehen lässt. Ein unvergleichliches Genusserlebnis bietet auch der Freiburger Wochenmarkt auf dem Münsterplatz.

FURUNO
FURUNO

ZUKUNFTSGESTALTER

Gemächlich fließt der Rhein an Basel vorbei (Foto: Flusstaxis auf der Kleinbasler Seite), doch das Leben nimmt einen beschleunigten Gang: Pharmaunternehmen und Chemiekonzerne von Weltruf, milliardenshwere Banken und Industrieunternehmen geben den Takt vor, Life-Sciences-Forscher gestalten die Zukunft.

DER BERG RUFT

Freiburgs Hausberg ist der 1284 Meter hohe Schauinsland. Er zählt bereits zum Schwarzwald und macht seinem Namen mit grandiosen Ausblicken alle Ehre. Sobald die ersten Flocken fallen, eröffnet sich Wintersportlern hier ein weites Feld. Im Sommer strömen Radfahrer, Wanderer, Nordic Walker, Skater und Motorradfahrer gipfelwärts.

HERAUSGEPUTZT

Herausgeputzte Fachwerkhäuser gehören zu den Markenzeichen der Städte und Dörfer im Elsass. Die Idylle erreicht ihren Höhepunkt in Colmars Stadtviertel Klein-Venedig. Zu jeder Jahreszeit schlendern Gäste aus aller Welt durch die schmalen Gassen, erkunden die Stadt vom Boot aus, lassen sich von deren Charme beeindrucken, staunen, fotografieren, genießen.

Straußwirtschaften

URIGE GASTWIRTSCHAFTEN AUF ZEIT

Nicht mehr als 120 Tage pro Jahr darf eine Straußwirtschaft öffnen. Aber in dieser Zeit laufen die Winzerfamilien zur Höchstform auf. Zu ihrem Wein servieren sie Spezialitäten wie Schäufele mit Kartoffelsalat, Bibiliskäs oder Flammkuchen. Zum Glück hat fast das ganze Jahr über irgendwo eine Strauße offen.

8

4

1 Schlatthof-Strauße in Freiburg

Schnitzel sind die Spezialität des Hauses. Mit Brot, mit Salat oder mit Pommes. Auch in kleiner Portion, was vielen schon vollkommen reicht. Aber auch die Käsevariationen sind nicht zu verachten. Im Herbst sollte es ein Stück Zwiebelkuchen zum neuen Wein sein. Bei den vergorenen Weinen dominieren Burgundertrauben. Oder man nimmt gleich ein Glas Gutedel vom Fass.

Schlatthof Strauße, Schlatthöfe 3, 79111 Freiburg, Tel. 0761/4 18 47, www.schlatthof-strausse.de

2 Griestal-Strauße bei Freiburg

Mitten im Tuniberg die Picknickdecke ausbreiten und sich einen Wurstsalat oder Griestaler (Kartoffelscheiben in Knoblauchcreme) servieren lassen, das geht in der Opfinger Griestal-Strauße. Natürlich kann man auch an Tischen sitzen oder an Weinfässern stehen, um die Weine und Säfte des Hauses zu genießen. Im Frühjahr ist der Spargel aus eigenem Anbau einen Tipp wert.

Griestal-Strauße, Griestal 2, 79112 Freiburg, Tel. 07664/40 06 75, www.griestal-strausse.de

3 Löwen-Strauße in Bötzingen

Es muss nicht immer Schäufele sein, sagen sich die Schaffners in Bötzingen. In ihrer Löwen-Strauße stehen neben den Bio-Weinen auch vegetarische, vegane und glutenfreie Gerichte auf der Karte, aber natürlich auch Speckvesper und Griebenschmalzbrot. Die Brägele, sprich Bratkartoffeln, sind hausgemacht, in wenig Fett gebacken und einfach ein Gedicht.

Bio-Weingut Schaffner, Hauptstraße 82, 79268 Bötzingen, Tel. 07663/44 17, www.loewenstrausse.de

4 Schneiders Straußi in Heitersheim

Eine der ersten Straußwirtschaften im Markgräflerland ist die Straußi vom Weingut Schneider-Pefferle in den Weinbergen von Heitersheim. Das Brot backt die Seniorchefin höchstpersönlich im Holzofen. Dazu sollte man den badischen Antipastiteller mit luftgetrocknetem Schinken und Salamispezialitäten nehmen, denn die stammen von der renommierten Metzgerei Dirr in Endingen. Die Weine sind Ecovin-zertifiziert.

Weingut Schneider-Pfefferle, Kolpingstraße 7, 79423 Heitersheim, Tel. 07634/28 36, www.weingut-schneider-pfefferle.de

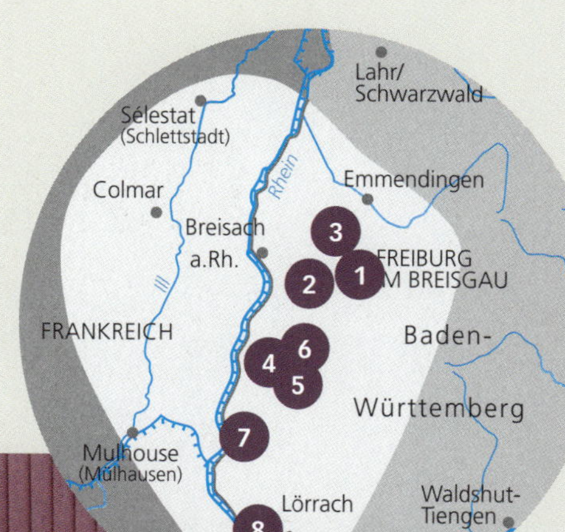

5 Ziegelhof-straußi bei Staufen

Für Wanderer ideal liegt die Ziegelhofstraußi direkt am Wiiwegli zwischen Staufen und Ballrechten-Dottingen. Hier gibt es roten Gutedel, der nur auf 50 Hektar Fläche im Markgräflerland angebaut wird. Die Löfflers selbst bewirtschaften 14 Hektar an den sonnenverwöhnten Hängen des Castellbergs und des Fohrenbergs. Neben Gutedeltrauben gedeihen dort auch Burgunder, Müller-Thurgau, Gewürztraminer und Regent.

Ziegelhofstraußi, Ziegelhofstraße 28 B, 79282 Ballrechten, Tel. 07634/83 94, www.zum-ziegelhof.de

6 Wiesler Gutsschänke in Staufen

In ihrer urigen Scheuer mit Natursteinwand oder im Hof bewirtet die Winzerfamilie Wiesler im Frühjahr und Herbst ihre Gäste. Das Weingut liegt am Fuße des Staufener Schlossbergs, auf dem wiederum die Rebstöcke auf Kalk-Verwitterungsböden stehen. Was aus dieser besonderen Lage bei Wiesler in die Flasche kommt, hat schon oft Preise eingeheimst. Das Essen dazu ist traditionell badisch gut.

Wiesler Gutsschänke, Krozinger Straße 26, 79219 Staufen, Tel. 07633/69 05, www.weingut-wiesler.com

7 Berners Straußi in Mauchen

Im Herbst zieht es manche Stammkunden zu Berners Straußi in die Mauchener Weinberge, weil es dann wieder roten und weißen Sauser gibt. Das ist der neue Wein, der gerade gekeltert wurde. Aber natürlich werden dann auch noch durchgegorene und gereifte Tropfen ausgeschenkt zu Schäufele, Burevesper, französischem Munsterkäse oder Flammkuchen, den es in der Straußi mit dem schönen Ausblick auch fleischlos gibt.

Berners Straußi, Bernerhof 1, 79418 Mauchen, Tel. 07635/14 40, www.weingut-berner.de

8 Lindemer Straußi in Lörrach

Das Haus aus dem Jahre 1592 ist eines der ältesten Häuser in Lörrach, das älteste im Stadtteil Tüllingen. Zur Straußi geht es in den gemütlichen, urigen Wein- und Kartoffelkeller mit rustikalem Mobiliar. Dabei muss man sich gelegentlich schon etwas ducken. Hier nimmt man noch den dezenten Geruch alten Gemäuers wahr. Bei schönem Wetter ist die Weinlaube mit Blick auf Lörrach und den angrenzenden, romantischen Bauerngarten ein guter Platz. Hausgemachte Spezialitäten locken, so nah an der Schweizer Grenze, manchen Eidgenossen ins Badische. Wer die Öffnungszeiten im Herbst verpasst hat, kann am dritten und vierten Adventswochenende auf einen roten oder weißen Glühwein vorbeischauen.

Lindemer Straußi, Dorfstraße 21, 79539 Lörrach-Tüllingen, Tel. 07621/ 4 25 77 77, www.lindemer-tuellingen.de

Freiburg

GÄSSLE UND BÄCHLE

Freiburg ist die südlichste Großstadt Deutschlands, die in puncto Einkaufen Ausgefallenes bietet, das es nicht überall gibt, und mit eigenem Flair, einer Mischung aus Historie und modernster Technologie überrascht.

Freiburg ist mit einem sehr milden Klima gesegnet. Das lockt die Magnolien im Stadtgarten besonders zeitig hervor.

Das Freiburger Münster von einem der roten Erker des Historischen Kaufhauses aus gesehen: Himmelstürmend erscheint der 116 m hohe Westturm, der „schönste Turm der Christenheit".

Hahnentürme und Querschiff sind in romanischem Stil erbaut.

Blick ins Langhaus auf den lichtdurchfluteten Chor. Die vielen mittelalterlichen Glasfenster in den Seitenschiffen haben größtenteils die Freiburger Zünfte gestiftet.

Die Räderuhr am Westturm erschuf der Straßburger Uhrmacher Jean-Baptiste Schwilgué im Jahr 1851.

Mehr als 1800 Stunden pro Jahr scheint die Sonne in Freiburg – und die Freiburger wollen auf keine einzige verzichten. Auf einem der vielen schönen Plätze, am Ufer der Dreisam, im Straßencafé oder auf einem kleinen Balkon mitten in der Altstadt versuchen sie, die Sonnenstunden einzufangen. Das ist im Hochsommer so, aber auch bereits im März und nicht selten noch Anfang November. Das milde Freiburger Klima macht die Menschen gelassen, das Leben angenehm, und die vielen Sonnenstunden haben der südlichsten Großstadt Deutschlands den Titel „Solar-Hauptstadt" eingebracht.

EIN HERRLICHER BLICK

Münster, Studenten, Bächle, Gässle – das waren lange Zeit prägende Begriffe für Freiburg. Das Münster, zwischen 1200 und 1513 erbaut, ist zweifelsohne das bekannteste Bauwerk Freiburgs, wenn auch Architektenscharen zwischenzeitlich zuerst ins Quartier Vauban oder zu den Plusenergiehäusern von Rolf Disch ziehen, bevor sie den „schönsten Turm der Christenheit" besteigen, wie der Schweizer Kunsthistoriker Jacob Burckhardt den Münsterturm vor rund 150 Jahren genannt hat. Wer einigermaßen schwindelfrei ist, sollte den 116 Meter hohen Ausguck erklimmen und eine grandiose Sicht über Freiburg und seine Umgebung genießen. Von der Südseite des Münsters aus führt eine alte, enge Wendeltreppe in die Höhe, an schmalen Fensteröffnungen vorbei, die den Blick auf Details des Münsters freigeben. Nach 153 Stufen öffnet sich der 18 Meter hohe Glockenstuhl, einer der ältesten in Deutschland. Die Konstruktion aus Tannenbalken steht frei im Turm, damit sich die Schwingungen der Glocken nicht auf die Mauern übertragen.

Wie die Balken und Glocken 1290 so hoch kamen, zeigt ein riesiges Lastenrad, in dem ein oder zwei Personen liefen, um über eine Seilwinde die schweren Baumaterialien hochzuziehen. An diesem Lastenrad vorbei bringt eine Eisentreppe die Besucher weiter in die Höhe, in die Stube des Turmwächters. Dieser wacht heute mehr über Eintrittsgelder und Postkarten als über das Münster und die Stadt. Wer so weit vorgedrungen ist, braucht nun nur noch eine Wendeltreppe zu erklimmen und steht auf einer Aussichtsplattform, 263 Stufen über der Erde. Ein herrlicher Blick über Freiburg und weit darüber hinaus belohnt die Mühen. Noch atemberaubender wird dieses Erlebnis 70 Stufen weiter oben, denn dann steht man direkt am Ansatz der Turmspitze. Der Blick durch die filigrane Steinspitze des Münsters in einen strahlend blauen Himmel ist ein Bild, das man nie mehr vergisst.

GAUMENFREUDEN AM MÜNSTER

Der Blick der Marktleute rund um das Münster geht selten nach oben. Sie schauen eher nach vorn zu ihrer Kundschaft, beraten, empfehlen, halten ein Schwätzchen und lassen auch einmal von den angebotenen Köstlichkeiten probieren. In der Nähe des Münsters, auf der großen Gass', heute Kaiser-Joseph-Straße, wurde schon im Mittelalter gehandelt. Beim Münster war das Marktgericht, wo entschieden wurde, ob die gekaufte Ware den vorgegebenen Maßen entsprach. Die entsprechenden Einkerbungen sind noch heute neben dem Haupteingang ins Münster zu sehen. An

DAS GOTISCHE MÜNSTER WIRD ALS »HIMMEL IN STEIN« GERÜHMT.

Vom Münsterturm hat man gute Sicht –
nicht nur in die Ferne, auch auf den Münsterplatz.

Auch am Abend einen Besuch wert:
die Arkaden am Münsterplatz

Dolce vita auf dem Münsterplatz:
Freiburg steht für ein besonderes Lebensgefühl.

Eines der prächtigsten Gebäude der Stadt ist das Historische Kaufhaus.

Fassadenschmuck am Haus Zum Walfisch, in dem einst Erasmus von Rotterdem gelebt hat.

der Nordseite des Münsters, also links vom Turmeingang, bieten Bauern der Region Selbsterzeugtes an: Gemüse, Obst, Schnaps, Wein, Marmeladen, Honig, hausgemachte Nudeln, Holzofenbrot, rote Kartoffeln, Würste, Speck, Eier und von Frühling bis Herbst oftmals auch Blumen aus ihren Gärten.

Auf dem Weg zu den Bauernständen steigen verführerische Düfte in die Nase. Frisch geröstete Zwiebeln locken, die Begleiter der berühmten Münsterwurst. Jeden Vormittag braten und grillen an mehreren Ständen die Wurstfachleute vor allem Rote, aber auch Rinds- oder Kräuterbratwürste. Fast jeder Stand hat sein eigenes Rezept und seine eigene Kundschaft, meist Stammkunden, die nur noch gefragt werden: „Wie immer?“

Auf der gegenüberliegenden Seite des Münsters, der Südseite, bieten überwiegend Händler ihre Waren an, nicht nur Kulinarisches, sondern auch getöpferte Gefäße oder Bürsten aller Arten. Der Olivenduft, der dort die Nase umweht, gibt Einheimischen wie Gästen die Bestätigung für das, was sie schon längst vermutet haben: ganz nah an der Toskana zu sein.

STADT DER BÄCHLE

Müde Füße können sich in Freiburg an vielen Stellen ausruhen. Immer wieder finden sich Bänke unter Bäumen, Brunnen, auf deren Rand man sich niederlassen kann, Straßencafés und Weinlokale. Oder der matte Reisende setzt sich einfach auf den Boden und hält seine nackten Füße in eines der Bächle, die die Stadt durchziehen. Vielleicht treibt ein kleines Papierschiffchen vorbei, das ein spielendes Kind weiter oben eingesetzt hat. Rund neun Kilometer lang ist das Freiburger Bächlenetz, das aus der Dreisam gespeist wird und seit dem 12. Jahrhundert die Stadt durchzieht.

Einst dienten die Bächle als Lieferanten von Lösch- und Brauchwasser sowie als Viehtränke. Natürlich brachte das fließende Wasser auch ein bisschen Fri-

Eine besonders liebenswerte Zutat des Freiburger Lebens sind die Bächle, die auf rund neun Kilometern die Stadt durchfließen (oben links). Innehalten ist auch am Neuen Rathaus möglich (unten links), im Augustinermuseum (oben rechts) oder in der Schusterstraße mit ihren Läden und Kneipen (unten rechts).

sche in die eher muffigen mittelalterlichen Gassen. Später galten die Bächle als unmodern und sollten überdeckelt werden. Zum Glück konnten sich die Bächle-Gegner nie durchsetzen, und so kann man immer noch davon träumen, dass man einen Freiburger oder eine Freiburgerin heiraten wird, wenn man einmal versehentlich in ein Bächle getreten ist – wie es die Sage will. Die Bächleputzer halten jedenfalls alles schön sauber. In der Freiburger Fasnet ist ihnen sogar eine eigene Figur gewidmet.

EINE HELLWACHE UNISTADT

Bei aller Idylle, die Freiburg ausstrahlt mit seinen mittelalterlichen Gassen, den alten Häusern, die alle Namen tragen, man spürt dennoch überall: Die Stadt

DIE FREIBURGER UNIVERSITÄT GEHÖRT IN FORSCHUNG UND LEHRE ZUR SPITZENGRUPPE IN DEUTSCHLAND.

ist hellwach. Es ist gerade diese Mischung aus Bodenständigkeit und Forscherdrang, aus Tradition und Moderne, die Freiburgs Charme ausmacht. Schließlich prägen die Universität und weitere Forschungseinrichtungen die Stadt. Jeder siebte Einwohner ist an einer der Freiburger Hochschulen immatrikuliert, die Lehrgebäude der Albert-Ludwigs-Universität liegen mitten in der Stadt, umgeben von zahlreichen Buchhandlungen und Antiquariaten.

Die Freiburger Uni ist eine der ältesten in Deutschland und gehört in Lehre und Forschung zur Spitzengruppe. 1457 gegründet, pflegt sie klassisches Bildungsgut, bestimmt und besetzt aber gleichzeitig auch aktuelle Forschungsfelder. Sie setzt dabei auf ein Zusammenspiel der verschiedenen Disziplinen, um den Herausforderungen des 21. Jahrhunderts gewachsen zu sein. Die sogenannten Lebenswissenschaften beispielsweise verbinden Biochemie, molekulare

Die Stühlinger Kirchtürme ragen hinter dem Zentralen Omnibusbahnhof auf.

Der US-amerikanische Künstler Dennis Oppenheim (1938–2011) schuf 1999 „Jump and Twist" an der technischen Fakultät der Freiburger Universität.

Vor dem Freiburger Konzerthaus am Konrad-Adenauer-Platz drehen sich diese auffälligen Kegel von Andrea Zaumseil.

Freiburger Alltag.
Eine Momentaufnahme

Energie

Special

Die grüne Stadt

Freiburg versteht sich als „Green City“ und als Vorreiterin in Sachen Solarenergie. Eines der neuesten Projekte in der Stadt: Die Photovoltaik (PV)-Module über dem Radweg an der Freiburger Messe. Mehr als 900 lichtdurchlässige Module produzieren seit 2023 die Strommenge, die 180 Menschen in einem Jahr verbrauchen. Soweit bekannt, der erste Radweg Deutschlands mit Solardach.

Pächter der Anlage ist das Fraunhofer Institut für Solare Energiesysteme. Die Wissenschaftler suchen am Freiburger Radweg nach standardisierten Tragesystemen, um über Flächen Sonnenenergie zu nutzen. Die Forschungseinrichtung ist schon lange in Freiburg, denn Strom mit Hilfe der Sonne zu produzieren, hat dort Tradition. Seit 1986 fördert die Stadt entsprechende Firmen und Projekte und trägt seither alle Höhen und Tiefen der Branche mit. Symbolen der „Green City“ begegnet man in der ganzen Stadt. Ob es der Solartower am Hauptbahnhof ist mit 240 PV-Modulen auf 19 Stockwerken, die Solarsiedlung an der Merzhauser Straße, begrenzt vom „Sonnenschiff“, das autofreie Vauban-Quartier oder das Heliotrop, das erste Plusenergiehaus der Welt. Oder das „Zuhause“ des SC Freiburg. Das Dach des Europa-Park Stadions ist eines der größten Solardächer auf einem Fußballstadion weltweit.

Das „Sonnenschiff“ in der Solarsiedlung

Zellbiologie, Angewandte Wissenschaften, Neurowissenschaften, Mathematik, Physik und verschiedene Disziplinen der Geisteswissenschaften – ein über die Landesgrenzen hinaus beachtetes Modell. Auch Nicht-Studenten öffnet die Universität ihre Türen mit einem breiten Angebot im Studium generale, z.B. mit der Samstags-Uni, in der während des Semesters wechselnde Wissenschaftler interessante Forschungsthemen allgemeinverständlich darstellen.

MIT DEM RAD DURCH DIE STADT

Der Fahrradpark rund um die Universitätsgebäude zeigt, dass auch Studenten und Professoren auf das beliebteste Freiburger Verkehrsmittel setzen. Es gibt nicht viele andere Städte in Deutschland, in denen man so viele Fahrräder mit und ohne Kinderanhänger, als Rennrad, als Transportrad oder als Fahrradtaxi sieht. Mehr als 400 Kilometer weist das Freiburger Radverkehrsnetz aus. Im Frühjahr 2023 hat der Gemeinderat der Stadt beschlossen, das Netz mit vier Radschnellwegen zu ergänzen und die umliegenden Ortschaften besser anzubinden. Doch auch in Freiburg gibt es Grenzen fürs Rad. So darf etwa rund um den Bertholdbrunnen, dem Verkehrsknotenpunkt für Straßenbahnen und Busse im Zentrum Freiburgs, kein Rad abge-

Blick in die Bummelmeile Konviktstraße mit ihren vielen wunderhübsch sanierten Häusern.
Im Hintergrund ist das Dach des Schwabentors zu sehen.

Die Konviktstraße endet am dreieckigen Platz Oberlinden.
Dominantes Element ist das Schwabentor, ein Rest der mittelalterlichen Stadtbefestigung.

Fastnacht

Special

Im „Häs“ durch die Stadt

Hunderte von Stoffteilen brauchen die West-Hansele für ihr „Häs“.

Freiburger feiern das ganze Jahr über gern. Den Auftakt des Festreigens macht traditionell die Fasnet, die in Freiburg genau vier Wochen vor dem Fastnachtssamstag beginnt, während die Narren im schwäbisch-alemannischen Raum grundsätzlich am Dreikönigstag mit dem Abstauben der Masken das närrische Treiben einleiten.

Von ihrem Stützpunkt im „Deutschen Haus“ in der Schusterstraße ziehen die Freiburger Fasnetrufer mit der braun getönten, lachenden Lindenholzmaske, dem bunten Flecklehäs, den weißen Handschuhen und der großen Rätsche durch die Stadt. Sie sind die Erznarren der Breisgauer Narrenzunft und führen am Rosenmendig (Rosenmontag) ab 14.00 Uhr den traditionsreichen Umzug durch die Innenstadt an. Herdemer Lalli, Blau-Narren, Freiburger Hexen mit dem lachenden Teufel, Günterstaler Bohrer, Feuer-Narren, Zähringer Burgnarren und wie sie alle noch heißen folgen im Zug, begleitet von Gästen aus dem ganzen schwäbisch-alemannischen Fasnetreich. 1283 wurde die „Vasinaht“ in Freiburg erstmals in einer Urkunde erwähnt, aber eine alemannische Fasnet wie sie heute gefeiert wird, gibt es erst seit 1934.

Damals hat sich die Breisgauer Narrenzunft gegründet, die bis heute die Dachorganisation von mehr als 30 Zünften bildet. Alle, die den Narrenzug nicht live erleben können, sollten einen Blick ins Freiburger Fasnetmuseum werfen: dort reihen sich die ganzen Breisgauer Narrentypen auf, arrangiert von den Zünften.

Fasnet, die hohe Zeit der Narren

stellt werden. Bei einer „Scherben-Hotline“ kann man melden, wo Glassplitter auf der Radstrecke liegen – welche die Freiburger Stadtreinigung im Nu beseitigt. Da wundert es niemanden, dass in Freiburg auch Stadtrundfahrten per Rad angeboten werden, Teil des reichhaltigen Führungsangebots.

EINTRÄCHTIG UNTERWEGS

Vor einigen Jahren hat die Stadt Freiburg ihre Bürger zu kostenlosen Stadtführungen eingeladen, um ihnen einmal das Gefühl zu geben, zu Besuch in der eigenen Stadt zu sein. Bei mehr als 6000 Übernachtungen pro 1000 Einwohner braucht es in der Hochsaison schon ein bisschen Toleranz, damit Freiburger und Nicht-Freiburger miteinander gut auskommen. Zwar ist der Badener an sich tolerant, aber wenn er mit dem Fahrrad nicht mehr voran kommt oder abends die Plätze in den Gartenlokalen alle besetzt sind, kann er schon „bruddelig“ werden.

Gemütlich zu essen und zu trinken gehört zur badischen Lebensart – an der man gern auch Nicht-Badener teilhaben lässt, solange sie einem selbst einen Platz lassen. Dabei ist das gastronomische Angebot in Freiburg riesig und reicht von urbadischer Küche mit Wurstsalat und Brägele, wie hier die Bratkartoffeln heißen, bis zu internationalen Spezialitäten.

Die Markthalle in der ehemaligen Druckerei Poppen & Ortmann ist eine geraffte Version dieser Vielfalt. Seit fast 40 Jahren ist sie ein Mittagstreff vieler Freiburger, aber auch vor und nach der Mittagszeit. Man isst im Stehen chinesisch, indisch, italienisch, japanisch oder wie auch immer und kauft besondere Spezialitäten für die häusliche Küche ein. Freitags und samstags bis 24 Uhr geöffnet, bietet die Markthalle freitagabends zum Essen ein Musikprogramm unterschiedlicher Stilrichtungen. Damit hat sie sich in die Freiburger Nachtszene eingereiht, denn auch nach Sonnenuntergang geht das Leben in den alten Gassen recht munter weiter.

Schauinsland

ERLEBNISREICHE BERGWELT

Die landschaftlichen und kulturellen Attraktionen des Freiburger Hausbergs ziehen rund ums Jahr Scharen von Erholungssuchenden auf den Schauinsland. Das wirkt sich teilweise zum Nachteil der Natur aus und erfordert eine Besucherlenkung.

Für viele eine große Herausforderung: den Schauinsland mit dem Rad zu erobern.

Von den Bauern und Bergleuten, die einst am Schauinsland um ein karges Einkommen kämpften, blieb vermutlich selten einer verzückt stehen, um die weite Aussicht über die Rheinebene bis zu den Vogesen oder bis zu den Westalpen zu genießen. Heute ist dieser grandiose Ausblick einer der Anziehungspunkte für die Besucher des 1284 Meter hohen Berges. Zielstrebig steuern sie den Turm an, der sie nochmals 31 Meter über den Berg erhebt, windzerzaust steigen sie wieder herab – und das nicht immer auf den vorgegebenen Wegen. Die Bergwelt Schauinsland versucht, die Ausflügler auf den Wegen zu halten, die für sie vorgesehen sind, um den Berg möglichst gut vor Erosionsschäden zu schützen.

AUF ZUM SCHAUINSLAND

Ökologisch korrekt startet der Weg zum Schauinsland in Freiburg mit der Straßenbahnlinie 2 nach Günterstal, von dort mit der Buslinie 21 weiter bis zur Talstation der Schauinslandbahn. Sie ist die längste Kabinenseilbahn mit Umlaufsystem in Deutschland und die älteste ihrer Art weltweit. An Wochenenden und Feiertagen verkehrt ein Bus, der in wenigen Minuten das Heimatmuseum Schniederlihof oder den Tier- und Freizeitpark Steinwasen erreicht.

Passionierte Autofahrer parken allerdings nur selten bei der Talstation. CO_2-Ausstoß hin oder her, sie können der legendären Straße zum Schauinsland nicht widerstehen, die im

Schauinsland: Der 1284 Meter hohe Schwarzwaldberg ist für seine grandiose Aussicht bekannt.

Zu den Legenden unter den Rennstrecken gehört die Schauinslandstraße (oben). Für Motorradfahrer ist sie an bestimmten Tagen gesperrt.
Vom Aussichtsturm des Schauinsland (unten) sieht man an manchen Tagen sogar den Mont Blanc.

20. Jahrhundert als eine der schönsten Bergrennstrecken Europas galt.

Auch Motorradfahrer lockt die berühmte Strecke. Die Geschwindigkeit, mit denen die Zweiräder an Fahrradfahrern und Wanderern vorbeisausen, jagt jedoch manchem einen ordentlichen Schrecken ein. Zwischen April und Oktober haben Motorräder an Wochenenden und Feiertagen am Schauinsland nichts zu suchen, aber mancher übersieht die entsprechenden Schilder – wissentlich oder unwissentlich.

Mit deutlich geringeren Geschwindigkeiten touren im Januar und Anfang August Oldtimerfreunde bei der Schauinsland-Klassik von Freiburg aus durch den Schwarzwald und auf den Schauinsland. Diese Genussfahrer sind es allerdings weniger, die der Natur am Freiburger Hausberg zu schaffen machen. Es sind mehr die alltäglichen Autofahrer, die ihr Fahrzeug auf Wiesen und Wegen statt auf Parkflächen abstellen.

BERGBAU UND WINDKRAFT

Schon in alten Zeiten prägte der Mensch die Landschaft nachhaltig: Der enorme Holzbedarf beim Bergbau führte zu beträchtlichen Waldrodungen am Schauinsland, sodass große Weideflächen entstanden, heute tausendfach fotografiert mit den typischen Windbuchen. Diese entstanden durch das beständige Abweiden der Triebe durch das Vieh, wodurch der Baum immer mehr in die Breite wuchs. Sobald die Kühe an die inneren Zweige nicht mehr herankamen, konnten die Buchen an Höhe zulegen. Auf der Südseite des Bergs bemüht man sich darum, dieses charakteristische Landschaftsbild zu erhalten.

Neben Natur pur präsentieren sich auf der Holzschlägermatte auch zwei Windräder, die 2003 heftig umstritten waren. Die Stadt Freiburg wollte sie bauen, das Regierungspräsidium war jedoch aus Gründen des Landschaftsschutzes dagegen. Das Verwaltungsgericht stärkte die Position der Stadt. Nachdem die baden-württembergische Landesregierung die Windkraft stärker nutzen will, könnten bald schon mehr Windräder am Schauinsland stehen, allerdings alle so, dass die Rotorblätter die Gipfelhöhe nicht erreichen.

Fakten & Informationen

Schauinslandbahn:
www.schauinslandbahn.de;
Ende Juli–Mitte Sept. tgl. 9.00–18.00, sonst tgl. 9.00–17.00 Uhr

Museumsbergwerk:
www.schauinsland.de; Führungen Juli und Aug. tgl.,
Ostern–Juni, Sept.–Anf. Nov. nur Mi., Sa., So. und Fei.

Sportangebot:
Wandern, Nordic Walking, Mountainbiken, Rollerfahren, Klettern, Schneeschuhwandern, Ski- und Schlittenfahren

Die aufregende Restaurant-Weltneuheit „Eatrenalin"

Von den Tiefen des Ozeans, über faszinierende Welten bis hin ins All: Seit November 2022 begeistert das einzigartige Gastronomie-Erlebnis „Eatrenalin" Kulinarikbegeisterte, die auf der Suche nach einer außergewöhnlichen Fine Dining Experience sind.

Sobald die Reise beginnt, tauchen jeweils 16 Genießer in unterschiedlichste Welten ein. Überwältigt von einem eindrucksvollen Zusammenspiel von Multimedia-Content und gastronomischer Spitzenleistung, schweben die Gäste mit einer patentierten Neuentwicklung von Mack Rides, dem neuartigen Floating Chair, von einer aufregenden Genusswelt zur nächsten. Nicht nur durch Düfte und Geschmack, sondern auch visuell, akustisch und haptisch – alle Sinne werden berührt. Die Gäste erleben eine futuristische, über zweistündige Reise durch fantastische Welten, gepaart mit kulinarischem Hochgenuss. Das erstklassige Acht-Gänge-Menü mit korrespondierenden Getränken ist perfekt in die unterschiedlichen Atmosphären eingebettet, um ein vollkommenes Geschmackserlebnis zu kreieren. Jeder Gang ist ein kulinarisches Kunstwerk, das überrascht und in Staunen versetzt. Ziel war es, die Gastronomie neu zu erfinden und die Gäste emotional zu berühren: Eatrenalin heißt Erleben mit allen Sinnen!

Ein echtes Must-Do: vier der elf neuen „Krønasår Boutique Suites" zeigen einen futuristischen Einrichtungsstil, der an Eatrenalin angelehnt ist. Highlight des schnörkellosen Interieurs dieser Premiumsuiten sind drehbare Betten, hergestellt vom Stammhaus Mack Rides aus Waldkirch, sowie eine private Sauna bzw. ein privates Dampfbad.

Zusammen mit einer Übernachtung ist Eatrenalin bereits jetzt bis Anfang 2024 buchbar!

book now

Mehr Informationen unter
europapark.de/boutique-suites

eatrenalin.de

EATRENALIN Europa-Park | Germany

Mack International

Maßstab 1:20.000
0
400m
1 = Zikadenweg
2 = Ameisenweg
3 = Grillenweg
4 = Maiackerweg
Studenten-
siedlung
Stadtteil
Betzen-
hausen
(zu Freiburg)
Stadtteil
Stühlinger
(zu Freiburg)
Stadtteil
Weingarten
(zu Freib.)
Stadtteil
Haslach
(zu Freiburg)
3 = Ludwig-Frank-Weg
2=Fr.-Kohlhepp-Str.
1 = Lutherkirchstr.
Zentralklinikum
Albert-Ludwig-
Universität
Freiburg
Klinikum
Haupt-
friedhof
1=Kleierstr.
Freiburg-
Herdern
Freiburg
Hbf
Altstadt
Stadtteil
Wiehre
(zu Freib
Freiburg-
Wiehre
Autobahnzubringer
Berliner Brücke
Ochsen-
brücke
Höllental-
bahnbrücke
Schnewlinbrücke
Dreisamstr.
Schillerstr.
Basler Str.
Landstraße
31
31a
3
15
16
Maßstab 1:11.000
200m
Freiburg
Hbf
Bismarckallee
Friedrichring
Stadt-
theater
Münsterpl.
Münster
Schlossberg-
ring
Stadt-
garten
Colombi-
park
Augustinerweg
Kartäuser-
str.
Schwabentor-
ring
Leo-Wohleb-
Br.
Kaiser-
brücke
Greiffen-
egg
Altstadt
Bismarck-
denkmal
SWR-Südwest-
rundfunk
10
11
12
13
14
1
2
3
4
5
6
7
8
9
Freiburg
Stadtwald
Brombergfelsen
Silberdobel
Jägerbrünnele
Stadtteil
Günterstal
(zu Freiburg)
Schauinslandstraße
17
1=Spitzack

LEBENDIGE METROPOLE

Freiburg ist eine moderne, lebendige Universitätsstadt, im Kern historisch, aber alles andere als verkrustet. In ihren mittelalterlichen Gassen mit den schönen Geschäften und in den gemütlichen Cafés und Restaurants fühlen sich Einheimische, Studenten wie auch Besucher gleichermaßen wohl. Nichts erscheint gigantisch – alles ist grundsolide. Im Zentrum faszinieren das gotische Münster mit dem malerischen Münsterplatz, aber auch zahlreiche Museen laden zu einem Besuch ein.

Allgemein

Den Ursprung der Universitätsstadt (230 000 Einw.) bildete eine 1091 auf dem Schlossberg erbaute Burg der Herzöge von Zähringen. Marktrecht, verkehrsgünstige Lage und reiche Silbervorkommen im Schwarzwald verhalfen Freiburg rasch zu Wohlstand. Bereits 1200 wurde mit dem Bau des Münsters begonnen. Beim Ausbau der Stadt im 13. Jh. entstanden die Freiburger Bächle (1246) für Löschwasser und Wasser für Tiere und Gewerbe. 1368 kauften sich die Freiburger Bürger von den Zähringern los und stellten sich unter die Herrschaft der aufstrebenden Habsburger. 1457 stiftete Erzherzog Albrecht von Österreich die Freiburger Universität, eine der ältesten habsburgischen Universitätsgründungen. Nach dem Dreißigjährigen Krieg wechselte Freiburg mehrfach zwischen Frankreich und Österreich, bis Napoleon 1805 nach der Schlacht bei Austerlitz die Stadt samt Breisgau und Ortenau dem neu geschaffenen Großherzogtum Baden eingliederte.

Tipp

Dem Schaf folgen

Das Angebot an Stadtführungen in Freiburg ist sehr vielfältig: Kulinarische Touren oder Rundgänge mit Schauspielern, Führungen per Rad oder zu Fuß. Man kann mit Drag Queen Fräulein Betty BBQ durch die City ziehen oder auf eigene Faust den Spuren des Schafs folgen. Diese Schafstouren sind Schnitzeljagden für Erwachsene und für Familien, die gerne rätseln. Vorteil: Man ist nicht an einen bestimmten Termin gebunden. Bleibt man mal hängen, gibt es Hilfe.

Eine Übersicht über alle Stadtführungen gibt es unter www.visit.freiburg.de/freiburg-planen/stadtfuehrungen-in-freiburg

Blick ins Freiburger Stadttheater an der Bertholdstraße; Steinmetzin im Münsterturm

INFORMATION
Tourist-Information, Rathausplatz, 79098 Freiburg, Tel. 0761/3 88 18 80, www.visit.freiburg.de

Sehenswert

MÜNSTERPLATZ

Das Zentrum Freiburgs bildet das 1 **Münster Unserer lieben Frau TOPZIEL** (um 1200 bis 1513). Vom Historischen Kaufhaus (Südseite des Münsters) hat man einen guten Überblick über die Baustile: Hahnentürme und Querschiff sind in spätromanischem Stil erbaut, orientiert am Basler Münster. Als sich 1220 die Formen der französischen Gotik durchsetzten, wurde Straßburg Vorbild für den Weiterbau des Münsters. Spätestens um 1330 wurde der bis dahin beispiellose Westturm vollendet, gekrönt von dem 43 m hohen, filigran durchbrochenen Helm. Da die gedrungene romanische Apsis und die niedrigen Hahnentürme nicht mehr so recht in das gotische Gesamtbild des Münsters passten, wurden die Türme erhöht, und im Osten wurde ein verlängerter Chor mit einem Kapellenkranz gebaut. 1620 wurde eine Renaissancehalle an der Südseite des Querschiffes angefügt. Eine Besichtigung des Innenraums ist an einem sonnigen Tag um die Mittagszeit besonders schön. Sehenswert das 1516 fertiggestellte Hochaltarbild von Hans Baldung Grien (www.freiburgermuenster.info; außerhalb der Gottesdienste Mo.–Fr. 9.00 bis 11.45, Mo., Di., Do., Fr. 12.30–16.45, Mi. 13.00 bis 16.45, Sa. 9.00–11.00 und 12.15–18.00, So. und Fei. 13.30–19.30; Chor und Kapellenkranz Mo.–Fr. 10.00–11.30 und 12.30–16.00, Mi. 13.00–16.00, Sa. 10.00–11.00 und 12.30 bis 15.30, So. und Fei. 13.30–16.00; Turm Mo.–Sa. 11.00–16.00, So. und Fei. 13.00–17.00 Uhr). Auf der Südseite des Münsters fällt das **Historische Kaufhaus** mit roter Fassade auf, 1520 bis 1532 als städtische Markt-, Zoll- und Finanzverwaltung errichtet. An der Nordseite baute die Stadt 1498 das **Kornhaus** als Vorratsspeicher, das auch als Schlachthaus genutzt wurde. Sein markanter Treppengiebel wurde nach der Zerstörung im Zweiten Weltkrieg anhand von Plänen aus dem 15. Jh. wieder aufgebaut (heute Café). Im Osten des Münsterplatzes steht die **Alte Wache** (1733), Haus der badischen Weine und Vinothek mit einer großen Auswahl regionaler Weinspezialitäten.

ALTSTADT
Richtung Herrenstraße, durch die der Hauptkanal der Freiburger Bächle fließt, liegen hinter der „Alten Wache" die ehem. Werkstätten der **Alten Münsterbauhütte** (16. Jh.) mit dem einzigen in der Stadt erhaltenen Sichtfachwerk des späten Mittelalters (Münsterladen des Münsterbauvereins). Gegenüber erhebt sich das neuromanische 2 **Erzbischöfliche Ordinariat** (bis 1906) mit reich verzierter Sandsteinfassade. Die dortige Schoferstraße führt zur Münsterbauhütte, die mehr als 15 Steinmetze und Bildhauer beschäftigt und seit 2021 zum zweiten Mal in Folge von einer Münsterbaumeisterin geleitet wird (Führung Sa. 13.00 Uhr ab Münsterladen, Herrenstraße 30). Benachbart liegt eines von Freiburgs schönsten Gässle, die 3 **Konviktstraße**, zugleich beispielhaft für geglückte Altstadtsanierung. Die Konviktstraße führt in das älteste Siedlungsgebiet Freiburgs, das Gebiet um Oberlinden mit dem 4 **Schwabentor** (13. Jh). Unweit vom Schwabentor geht es hinab in die „Insel", die zum 6 **Augustinerplatz** führt, der sich wie eine italienische Piazza öffnet. Zwischen Gerberau, Fischerau und Grünwälderstraße gibt es viel zu sehen und zu kaufen. Folgt man der Gerberau, steht man vor Freiburgs zweitem erhaltenen Stadttor, dem 7 **Martinstor** (Urspr. 13. Jh.). Hier öffnet sich die Kaiser-Joseph-Straße, die von Einheimischen kurz „Kajo" genannte Freiburger Haupteinkaufsstraße mit zahlreichen Filialisten. Am modernen Bertholdbrunnen kommen die Freiburger Straßenbahnen und Busse zusammen. Ein kurzer Abstecher westl. führt zum bis 1911 errichteten historisierenden Kollegiengebäude der 8 **Universität**. Vorbei an den neueren Kollegiengebäuden gelangt man zum 13 **Neuen Rathaus**, das Ende des 19. Jh. durch den Umbau eines Renaissance-Doppelhauses entstand. Daneben steht das **Alte Rathaus**, zwischen 1557 und 1559 aus mehreren Häusern zusammengefügt und heute Tourist-Information. Nord- und Ostseite des Rathausplatzes bestimmt das ehem. **Franziskanerkloster** (Urspr. 13. Jh), in dem Berthold Schwarz 1359 angeblich das Schießpulver erfunden hat. Über die Franziskanergasse mit dem prächtigen **Haus Zum Walfisch** (1516) gelangt man wieder zur „Kajo", an der weiter links der 14 **Basler Hof** (Ende 15. Jh.) steht, urspr. Exilresidenz des Baseler Domkapitels und heute Sitz des Regierungspräsidenten. Ein Abstecher sollte zum Freiburger 9 **Hauptbahnhof** führen, dessen Umgebung sehr futuristisch wirkt und zu der auch das 10 **Planetarium** gehört (Infos unter www. planetarium -freiburg.de, Bismarckallee 7g).

Tipp

Musik, Theater, Kabarett

Sommer und Musik gehören in Freiburg seit 40 Jahren zusammen – was mittlerweile beinahe weltweit bekannt ist. Seit 1983 lockt das Zelt-Musik-Festival die Menschen vor die Tore der Stadt auf das Mundenhofgelände. Ursprünglich eine alternative Veranstaltung, ist das ZMF nunmehr ein Event, das Musikbegeisterte weit über die Region hinaus anzieht. In verschiedenen Zelten und auf Freiluftbühnen gibt es Musik, Kunst, Theater, Kabarett und Sport. Mancher geht auch nur hin, um in Ruhe den Sonnenuntergang bei einem Glas Wein mit Freunden zu genießen – natürlich umweltfreundlich mit Tram und Zubringerbus.

ZELT-MUSIK-FESTIVAL
Mundenhof-Gelände,
Mundenhoferstraße, 79111 Freiburg,
Tel. 0761/5 04 03 33, www.zmf.de

Das Colombischlössle in seinem als englischer Landschaftsgarten angelegten Park; Musik und Weingemütlichkeit beim ZMF

Museen

Einblicke in die Kunst und Ausblicke auf die Stadt Freiburg bietet das sehr moderne Kirchenschiff im 6 **Augustinermuseum**. Neben den Basler Sammlungen und dem Unterlindenmuseum in Colmar ist das Augustinermuseum eines der wichtigsten Museen für Kunst und Kultur des Oberrheingebiets vom Mittelalter bis zum 20. Jh. (Augustinerplatz, www.freiburg.de/museen; Di.–So. 10.00–17.00, Fr. bis 19.00 Uhr). Ganz in der Nähe liegt das 6 **Museum Natur und Mensch** mit Exponaten zur Erdgeschichte und völkerkundlichen Sammlungen (Gerberau 32, www.freiburg. de/museen; Di. 10.00–19.00, Mi.–So. 10.00–17.00 Uhr). Das 6 **Museum für Neue Kunst** zeigt Malerei und Skulptur von der klassischen Moderne bis zur Gegenwart (Marienstraße 10a, www.freiburg.de/museen; Di.–So. 10.00–17.00, Do. bis 19.00 Uhr).

Das Schwabentor beherbergt eine 4 **Zinnfigurenklause**, die mit rund 9000 Zinnfiguren geschichtliche Ereignisse aus der Region darstellt (www.zinnfigurenklause-freiburg.de; ab 3. Sa. im Mai–3. Okt. Di.–Fr. 14.30–17.00, Sa./So. 12.00–14.00 Uhr) Das 1 **Haus Zum schönen Eck** wurde 1761 vom Rokoko-Maler, Bildhauer und Architekten Johann Christian Wentzinger (1710–1797) erbaut; das für die damalige Zeit mit Malerei und Skulpturen ungewöhnlich reich geschmückte Haus ist heute **Museum für Stadtgeschichte** (Münsterplatz 30, www.freiburg.de/museen; Di.–So. 10.00–17.00 Uhr). Archäologie wird im neugotischen 11 **Colombischlössle** (1861) erlebbar: Funde aus der Altsteinzeit bis zum Frühmittelalter und wertvolle Grabbeigaben aus keltischen Fürstengräbern (Rotteckring 5, www.freiburg.de/museen; Di.–So. 10.00–17.00 , Mi. bis 19 Uhr). Das 11 **Uniseum** der Albert-Ludwigs-Universität bietet Einblicke in Alltagsleben, Forschungsarbeit und Lehre der Universität seit dem 15. Jh. (Bertholdstraße 17, www.uniseum.uni-freiburg.de; Do.–Sa. 14.00–18.00 Uhr).
Figuren und Szenen der Freiburger Fastnacht sind im 12 **Fasnetmuseum** ausgestellt (Turmstraße 14, www.breisgauer-narrenzunft.de; Sa. 10.00–14.00 Uhr).
Im 15 **Kunsthaus L6** hat Freiburg im Stadtteil Zähringen einen Ausstellungsraum geschaffen, der aktuelle Kunst aus der Region präsentiert (Lameystraße 6, www.freiburg.de/kunsthausl6; bei Ausstellungen Do. und Fr. 16.00–19.00, Sa./So. 11.00–17.00 Uhr).
Der 5 **Kunstverein Freiburg**, 1827 gegründet, zählt zu den ältesten Deutschlands; auch er stellt die zeitgenössische Kunst in den Mittelpunkt (Dreisamstraße 21, www.kunstverein freiburg.de; bei Ausstellungen Mi.–Fr. 15.00 bis 19.00, Sa./So. 12.00–18.00 Uhr).

Aktivitäten

Rund um Freiburg-Günterstal kann man auf einer Fläche von 100 ha mehr als 1300 heimische und fremdländische Bäume und Sträucher aus fünf Kontinenten und etwa 60 Ländern kennenlernen. Rundwege führen durch das 17 **Arboretum**, alle beginnen in der Nähe von Straßenbahnhaltestellen oder Parkplätzen (www.waldhaus-freiburg.de/arboretum). Ein Abstecher in den 700 qm großen Heil- und Bibelkräutergarten des **Klosters St. Lioba** lohnt auf alle Fälle (www.kloster-st-lioba.de; der Garten ist frei zugänglich, Führungen meist samstags, zu erfahren über die Homepage des Klosters).
Auf dem Schlossberg sind im 16 **Nature Walking Fitness Park** attraktive Routen verschiedener Länge und Schwierigkeitsgrade ausgewiesen (www.freiburg.de, Stichwort Nature Fitness Park). Stadterkundungen per Rad kann man unter www.freiburg-aktiv.de finden.

Einkaufen

An bis zu 130 Ständen je nach Saison bieten Händler (Südseite) und Erzeuger (Nordseite) ihre Waren auf dem Freiburger **Markt** rund ums Münster an (www.muenstermarkt.freiburg.de; Mo.–Sa. 7.30–13.30 Uhr). Kleine Läden und Werkstätten, Cafés und Restaurants sind in der **Konviktstraße,** in der **Gerberau** und der **Fischerau** zu finden. Die **Kaiser-Joseph-Straße** gleicht mit zahlreichen Filialisten den Hauptstraßen anderer Großstädte.

Hotels & Restaurants

Das zu den besten Hotels Deutschlands zählende **€ € € € Colombi** bietet neben Luxus auch Gourmet-Küche (Rotteckring 16, 79098 Freiburg, Tel. 0761/2 10 60, www.colombi.de).
Der Gasthof **€ € € Zum Roten Bären** ist ein Freiburger Traditionshaus direkt beim Schwabentor (Oberlinden 12, 79098 Freiburg, Tel. 0761/38 78 70, www.roter-baeren.de).
Die Küche der **€ € € Kreuzblume** zeigt französischen Einfluss (Konviktstraße 31, Tel. 0176 23 21 46 32, www.kreuzblume-freiburg.de). Der **€ € Große Meyerhof** lohnt besonders für Freunde badischer Küche (Grünwälderstraße 1, Tel. 0761/3 83 73 97, www.grosser-meyerhof.de; So. und Fei. Ruhetag).

Veranstaltungen

Die alemannische **Straßenfasnet** am Fastnachtssonntag und Rosenmontag hat nichts mit rheinischem Karneval zu tun, sondern ist eine kulturgeschichtliche Besonderheit am Oberrhein. Kulturbegeisterte kommen beim **Freiburger Münstersommer** auf ihre Kosten, Weinliebhaber beim **Freiburger Weinfest** im Juni oder Juli. Fast zeitgleich findet das **Internationale Zelt-Musik-Festival** auf dem Mundenhofgelände statt (siehe Tipp S. 40).

ZU DEN HEILIGEN HÜTTEN

Die Heiligen heißen Ottilie, Valentin und Barbara, und so mancher Freiburger pilgert wenigstens einmal pro Jahr zu diesen magischen Plätzen – besser gesagt zu den dort etablierten Gasthäusern. Feine regionale Küche und ausgesuchte Weine belohnen die körperliche Anstrengung. Weniger Sportliche fahren mit dem Auto.

Unweit des Schwabentors in Freiburg beginnt auf dem Schlossberg ein gemütlicher Wanderweg zur heiligen Ottilie, der Schutzpatronin Augenleidender. Nach einer Stunde Wandern öffnet sich eine kleine Lichtung mit Wallfahrtskapelle, Wirtshaus und Biergarten. Für kleine Wanderer besonders attraktiv: der echte Traktor beim Spielplatz.

Das „Waldrestaurant St. Valentin" im Freiburger Stadtteil Günterstal

Die Kapelle des heiligen Valentin ist zwar längst verschwunden, dafür steht der „Valentin" für leckere Speckpfannkuchen und badische Gemütlichkeit. In der Nähe der Günterstaler Straßenbahnhaltestelle „Wonnhalde" beginnt der Friedenspfad. Von diesem Pfad führt im letzten Drittel links ein kurzer Abstecher zum „Valentin". Barbara, die Schutzpatronin der Bergleute, findet man von der Straßenbahn-Endhaltestelle in Littenweiler über die Lindenmattenstraße, an den PH-Gebäuden vorbei zum Dorfplatz. Von dort nach oben zum Waldparkplatz und schließlich rechts zum Gasthaus mit gigantischer Aussicht.

St. Ottilien: Kartäuser Straße 135, Tel. 0761/6 32 30, www.st-ottilien.com; tgl. 12.00–20.00 Uhr; bei sehr schlechten Wetterlagen evtl. geschlossen
St. Valentin: Valentinstraße 100, Tel. 0761/7 07 77 48, www.sanktvalentin.eu; Mi.–So. 12.00–23.00 Uhr
St. Barbara: Sonnenbergstraße 40, Tel. 0761/6 96 70 20, www.st-barbara-freiburg.de; April–Okt. Mi.–Sa. 15.00–22.00, So. und Fei. 12.00–22.00, Nov.–März Do.–Sa. 15.00–22.00, So. und Fei. 12.00–22.00 Uhr

Umgebung von Freiburg

*

BERGE, WEIN UND HEISSE QUELLEN

*

Die Umgebung Freiburgs bietet alles, was man zur Erholung braucht. Vor allzu großer Sommerhitze schützen die Höhen des Schwarzwalds, dessen klare Seen auch Abkühlung versprechen. Und vor den Stadttoren blühen und gedeihen Reben und Obstbäume im Kaiserstuhl und Markgräflerland.

Am Nordwesthang des Kaiserstuhls dehnen sich die Weinberge von Jechtingen aus.

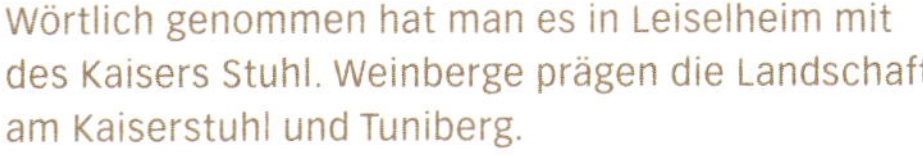

Wörtlich genommen hat man es in Leiselheim mit des Kaisers Stuhl. Weinberge prägen die Landschaft am Kaiserstuhl und Tuniberg.

Seit dem Dreißigjährigen Krieg ist Staufens Burg eine Ruine.
Die Reben reichen bis an die alten Wälle heran.

Gerade mal zwei Stunden, und schon hat man den Tuniberg bezwungen. Der kleine Lössberg im Westen Freiburgs ist fast elf Kilometer lang und kaum fünf Kilometer breit. Wer auf dem Bergrücken von Munzingen im Süden nach Gottenheim im Norden wandert, wird mit großartiger Sicht auf die Vogesen im Westen, den Kaiserstuhl im Norden sowie Freiburg und den Schwarzwald im Osten belohnt. Wie ein Inselchen liegt der Tuniberg in der Oberrheinebene, begleitet von seinem großen Bruder, dem Kaiserstuhl, von Rhein und Autobahn umflossen, umrahmt von acht Dörfern, die vom Weinbau geprägt sind. Doch von Autos und anderen zivilisatorischen Errungenschaften spürt man hier wenig. Wer oberhalb von Munzingen bei der Ehrentrudiskapelle steht, ist zwar noch nahe der Stadt Freiburg und doch schon ganz weit weg.

SÜDLÄNDISCHE INSELBERGE

An Tuniberg und Kaiserstuhl kommen Naturliebhaber auf ihre Kosten. Seltene Pflanzen- und Tierarten sind im milden Klima der Oberrheinebene heimisch geworden. Den so fruchtbaren, ockergelben Lössboden hat der Wind nach den Eiszeiten aus den großen Schotterfeldern der Rheinlandschaft ausgeblasen und am Tuniberg und am Kaiserstuhl abgelegt. Diese samtweiche, flaumleichte Erde ist sehr nachgiebig. Schritt und Tritt von Bauern und Tieren, Räder von tausenden Ochsenkarren und Sturzregen haben über Jahrhunderte tiefe Hohlwege in die Erde eingegraben. Die Wände rechts und links wurden immer höher und steiler, zum Teil sind sie fast 15 Meter hoch. So entstanden in den Weinbergen verzweigte Systeme von Zugangswegen, von denen am Kaiserstuhl noch sechs als flächenhafte Naturdenkmäler erhalten sind. Die Eichgasse in Bickensohl unter anderem führt zu einem der eindrucksvollsten Hohlwege am Kaiserstuhl.

DER KAISERSTUHL BIETET DEM WEIN IDEALE BEDINGUNGEN.

Der Kaiserstuhl ist eine dörfliche Landschaft, geprägt vom Weinbau, der in der Zeit von 1970 bis 1988 eine tiefgreifende Veränderung erlebte, als die alten Kleinterrassen in gewaltigen Erdbewegungen zu großen Terrassenflächen umgeformt wurden. Damit wurden aber auch Äcker, Feldobst und Sonderkulturen verbannt. War das ein Irrweg? Heute besinnt man sich zunehmend wieder auf den besonderen Wert der einzigartigen Kulturlandschaft Kaiserstuhl mit ihrer historischen Terrassenlandschaft.

ENDINGEN UND BREISACH

Neben den Weinbaudörfern sind am Rand des Kaiserstuhls zwei sehr unterschiedliche Kleinstädte entstanden: das mittelalterliche Endingen am Nordrand und die Europastadt Breisach, die genau genommen schon nicht mehr im Kaiserstuhl liegt.

Wer Endingen durch das Königschaffhausener Tor betritt, taucht in ein Landstädtchen ein, das sich seinen Charme über die Jahrhunderte erhalten konnte. Schon von Weitem zeigt sich der Breisacher Münsterberg mit dem Stephansmünster. Rund 35 Meter ragt er über die Rheinebene auf. Bereits vor über 4000 Jahren lebten steinzeitliche Jäger auf dem Berg – er ist damit einer der ältesten Siedlungsplätze des Oberrheingebiets. Und weit lässt sich von ihm nach

Ein Fanfarenzug gehört nicht nur in Bahlingen zu einem zünftigen Weinfest.

Die Marienkrönung ist das Thema des Schnitzaltars im Breisacher Münster.

Hoch über der Stadt ragt das Breisacher Münster auf.
Beim Münsterberg handelt es sich um einen Ausläufer des Kaiserstuhls.

Frankreich hinüber blicken – das sich immer wieder als schicksalbestimmend erwies. Bereits im ausgehenden 12. Jahrhundert haben auf diesem exponierten Platz die Bauarbeiten für das Stephansmünster begonnen. Wertvolle Kunstschätze wie das Ende des 15. Jahrhunderts entstandene „Jüngste Gericht" Martin Schongauers und der kunstvoll gestaltete Lettner mit seinen filigranen spätgotischen Steinbögen warten im Innern. Und der Hochaltar gilt als einer der schönsten Schnitzaltäre Deutschlands.

ERHOLUNG VOR DER TÜR

Der Kaiserstuhl ist für die Freiburger ein wichtiges Naherholungsgebiet, aber eigentlich ist die Stadt von Naherholungsgebieten geradezu umzingelt, die in kurzer Zeit erreichbar sind. Im Süden erstreckt sich das Markgräflerland, das angesichts seines milden Klimas und der hügeligen Landschaft gern mit der Toskana verglichen wird. Seine heißen Quellen schätzten schon die Römer wie zuvor auch die Kelten.

Von den dunklen Tannen des Schwarzwaldes über Laubwälder und Weinberge zieht sich die Landschaft von Ost nach West bis zu den Feldern und Wiesen nahe dem Rhein, voll von seltenen Tier- und Pflanzenarten. Doch auch die Menschen hinterließen ihre Spuren und zahlreiche Burgruinen wie in Staufen, Neuenfels, Badenweiler, Sausenburg und Rötteln.

In Staufen soll vor rund 500 Jahren der Teufel persönlich den Magier und Alchimisten Johann Georg Faust in die Hölle verführt haben. Im „Gasthaus Löwen" weist eine Schnitzerei am Bettkasten im Zimmer 5 des dritten Stocks den Doktor als Dauermieter aus. Dort sollte er für die Herren von Staufen Gold herstellen – doch nach einer Explosion fand man den Alchimisten tot in seinem Zimmer. Für Fausts Zeitgenossen gab es keinen Zweifel, hier konnte nur der Teufel die Hand im Spiel gehabt haben, von Chemie wussten sie ja noch nichts. Die

Im Heitersheimer Malteserschloss lebten bis 2022 Ordensschwestern. Jetzt sucht die Stadt nach Ideen für die zukünftige Nutzung (oben). St. Trudpert im Münstertal mit seinem Zwiebelturm ist seit mehr als 100 Jahren ein Frauenkloster (unten links). Bad Krozingen besitzt eines der schönsten Thermalbäder Südbadens (rechts).

Schloss Bürgeln ist berühmt für seine herrliche Aussicht. An manchen Tagen schimmern die Alpengipfel Eiger, Mönch und Jungfrau am Horizont.

Special

Thermen

Es begann mit den Römern

Sehr nobel: die Cassiopeia-Therme von Badenweiler

Heiße Quellen sprudeln gleich an mehreren Orten im Markgräflerland und versprechen Erholung.
Wo heute die Cassiopeia-Therme von Badenweiler steht, gründeten die Römer vor rund 2000 Jahren eine Siedlung mit dem Namen „Aquae Villae“. Die römische Badruine gilt als die größte Thermenruine nördlich der Alpen. Die Römer weihten die Therme der Schutzgöttin des Schwarzwalds, Diana Abnoba. Das heilende Wasser kommt ja auch aus dem Schwarzwald, erhitzt sich in 500 Metern Tiefe an der Erdwärme und wird an mehreren Stellen des Markgräflerlandes aus der Erde gedrückt – in Badenweiler, in Bad Krozingen und in Bad Bellingen. Das wussten die Römer vermutlich nicht, aber sie brachten ihre Badekultur in diese Region, die Erholungsuchende bis heute genießen.

Herren von Staufen hatten Faust geholt, weil die Silbervorkommen im Münstertal zur Neige gingen und daher Ersatz für diese wichtige Geldquelle vonnöten war. Das Besucherbergwerk Teufelsgrund berichtet von der Bedeutung des Bergbaus im Münstertal, ebenso wie das Landesbergbaumuseum in Sulzburg.

IN DEN LICHTEN SCHWARZWALD

Vom Münstertal führen wildromantische Wege in den Schwarzwald hinein, nach Schönau und Todtnau, zur riesigen ehemaligen Benediktinerabtei St. Blasien mit ihrer Kuppelkirche, die als eine der größten in Europa gilt. Hier im Süden ist der Schwarzwald lichter als im dunklen Norden.

Große Wasserflächen wie der Schluchsee, die höchst gelegene Talsperre Deutschlands, und der Titisee bieten Erholung und Wassersportmöglichkeiten. Wer von den Seen aus nach Freiburg zurückfahren möchte, hat keinen leichten Weg vor sich: Zuerst muss man durchs Höllental, bevor man im Himmelreich ankommt. Da aber keine Teufeleien zu erwarten sind, kann man diese Schwarzwaldfahrt richtig genießen. Am schönsten ist die Strecke, wenn man sie mit der Höllentalbahn befährt, schließlich ist sie auf einer der steilsten Eisenbahntrassen Deutschlands unterwegs.

Weinanbau

ÖKOLOGISCHE VISIONEN

Einst galt Heinrich Gretzmeier als „Spinner vom Tuniberg", heute zählt sein Betrieb zu den renommierten Weingütern der Region. Seit 2020 verfolgt die nächste Generation ihre Visionen für den Weinbaubetrieb, der seit 1986 streng nach ökologischen Richtlinien arbeitet.

Eigentlich ist Heinrich Gretzmeier gar kein Winzer, sondern Gärtnermeister, Fachrichtung Obstbau. Doch gerade dieses Wissen sollte ihm bei seinen Plänen für ein ökologisches Weingut den entscheidenden Vorteil bringen. „Sie können nur aus einem gesunden Rebstock einen guten Wein machen und dazu ist ein gesunder Boden notwendig", ist Gretzmeier überzeugt. „Die Begrünung ist ein wesentlicher Faktor des Bodenmanagements und da schließt sich wieder der Kreis, da bin ich wieder als Gärtner gefragt." Deshalb wachsen zwischen den Gretzmeierschen Reben am Merdinger Bühl Schneckenklee, Senf, Malven, Pfefferminze und noch viele andere Pflanzen, die den Boden lockern. Damit sie nicht etwa den Reben das Wasser und die Nährstoffe wegziehen, muss die Begrünung passend ausgetüftelt werden. Kein Problem für den Gärtnermeister.

WACHSTUM UND NACHHALTIGKEIT

Die Zeiten, in denen Heinrich und Elvira Gretzmeier mit ihrem ältesten Sohn Titus im Kinderwagen in den Weinberg zogen, um ihren halben Hektar Rebfläche zu bewirtschaften, sind lange vorbei. Nicht nur, weil Titus zwischenzeitlich selbst Winzer ist. Die jetzt mehr als zehn Hektar Fläche erfordern deutlich mehr zupackende Hände. Die von Heinrich Gretzmeier sind noch immer dabei. Auch wenn den Betrieb nun sein Sohn Jakob, unterstützt von Frau Elena und Bruder Titus, leitet. Das gibt dem umtriebigen Winzer Freiräume für neue Ideen. Zum Beispiel die Trüffelzucht. Von einer Weinprobe im Burgund brachte Gretzmeier infizierte Haselsträucher mit. Ernte gleich Null. Es brauchte noch ein paar Versuche mehr, bis Hündin Alba endlich die ersten Trüffel aufspüren konnte. Der Jurakalk unter dem Lössboden am Tuniberg ist ideal für Sommertrüffel und die mit Trüffelmyzel geimpften Bäume sind gute Indikatoren für die Gesundheit des Bodens. Bei Heiner Gretzmeier schließt sich mal wieder der Kreis.

SCHWERPUNKT BURGUNDER

Diese lössbedeckten Kalkböden des Merdinger Bühl sind auch genau die richtige Grundlage für Burgunderweine, Schwerpunkt der Weinproduktion im Hause Gretzmeier. 60 Prozent machen dabei die Rotweine aus, vorneweg der Spätburgunder. Einen Namen machte sich Gretzmeier schon früh mit seiner roten Cuvée „Zwulcher" mit 80 Prozent Regent, 15 Prozent Blauem Spätburgunder und 5 Prozent Cabernet, lange bevor die Cuvées überhaupt in Mode kamen. „Zwulcher" bedeutet im Alemanni-

Mit der Spürnase immer dicht am Boden: Die Wasserhunde Lotte und Alba stöbern jeden Trüffel auf.

Oben: 1986 legten Heinrich und Elvira Gretzmeier den Grundstein für das Öko-Wein- und Sektgut, das heute Elena und Jakob Gretzmeier führen, unterstützt von Titus Gretzmeier.
Unten: Jakob, Elena, Tochter Tilda und Sohn Levi Gretzmeier führen das Weingut Gretzmeier am Tuniberg in die ökologische und önologische Zukunft.

schen so viel wie grober Leinenstoff und ist auch der Name der Merdinger Narrenzunft.

So experimentierfreudig sich der Winzer beim Zwulcher zeigte, so traditionsbewusst sind Gretzmeier und seine Nachfolger, wenn es um den Ausbau der Rotweine geht. Nach der Maische-Gärung liegen sie mindestens 24 Monate im Fass, wenn die Qualität stimmt, auch im Barrique-Fass. Weinausbau braucht Zeit, ebenso wie die Natur, die die Familie Gretzmeier nicht nur durch ökologischen Weinbau pflegt, sondern auch durch die Anpflanzung von Hecken als Nahrungsquelle und Unterschlupf für Vögel. Eine Walnussplantage soll nicht nur feines Öl für die Straußwirtschaft liefern, sondern irgendwann auch gutes Holz für den Möbelbau. Ein Vermächtnis an die Kinder und die Landschaft am Tuniberg.

VON DER SONNE INSPIRIERT

Dass dort die Sonne öfter und länger scheint als in anderen Gebieten Deutschlands, hat Heinrich Gretzmeier auf eine weitere Idee gebracht. Für hochwertige Destillate muss ein Brennkessel möglichst schnell auf eine Temperatur von 78 Grad gebracht werden. Das braucht große Mengen Holz, Öl oder Gas. Was wäre, wenn man den Brennvorgang zum geschlossenen Vakuum-Kreislauf machen und den Siedepunkt dadurch auf 35 Grad senken könnte? Man muss nicht mehr fragen, was wäre: Mithilfe der hauseigenen Solaranlage wurde die Idee umgesetzt. Das Ergebnis sind äußerst aromatische Brände und ein feiner Gin, die Gretzmeiers neben einem sehr aromatischen Brandy auch im Sortiment führen.

Alles, was das Haus Gretzmeier produziert, kann in der hauseigenen Straußwirtschaft verkostet werden, die Elena Gretzmeier mit Leidenschaft führt wie zuvor ihre Schwiegermutter Elvira. Für alles, was sie in ihrer Strauße nicht selbst produzieren, haben die Gretzmeiers Lieferanten aus de Region. So liefern Heiner, Alba und Lotte in der Saison zuverlässig Trüffel für einen ganz besonderen Flammkuchen.

Fakten & Informationen

Öko Wein- und Sektgut Gretzmeier, Wolfshöhle 3, 79291 Merdingen, Tel. 07668 9 42 30, www.gretzmeier.de; Mo.–Fr. 8.30–12.00 und 14.00–17.30, Sa. 8.30–13.00 Uhr. Straußwirtschaft Mitte März–Anf. Mai und Mitte August–Ende Oktober, Mo.–Fr. ab 17.00, So. und Fei. ab 16.00 Uhr.

Maßstab 1:200.000
0 2 4km
Marckolsheim
Wyhl am Kaiserstuhl
Forchheim
Riegel am Kaiserstuhl
Malterdingen
Freiamt
Sasbach am Kaiserstuhl
ENDINGEN am Kaiserstuhl
Bahlingen am Kaiserstuhl
Teningen
EMMENDINGEN
Winden im Elztal
Gutach im Breisgau
WALDKIRCH
Sexau
Artzenheim
Kaiserstuhl
Eichstetten am Kaiserstuhl
VOGTSBURG im Kaiserstuhl
Bötzingen
Reute
Vörstetten
Denzlingen
March
Buchheim
Hugstetten
Ihringen
BREISACH am Rhein
Gottenheim
Umkirch
FREIBURG im Breisgau
Gundelfingen
Biesheim
Volgelsheim
Neuf-Brisach
Merdingen
Sankt Peter
Stegen
Tuniberg
Merzhausen
Schallstadt
Ebringen
Kirchzarten
Pfaffenweiler
Oberried
Hartheim
BAD KROZINGEN
Ehrenkirchen
Bollschweil
Fessenheim
Eschbach
STAUFEN im Breisgau
Hochschwarzwald
Feldberg
HEITERSHEIM
Münstertal
Buggingen
SULZBURG
TODTNAU
MÜLLHEIM
NEUENBURG am Rhein
Badenweiler
SCHÖNAU im Schwarzwald
Auggen
Kleines Wiesental
Schliengen
Biosphärengebiet Schwarzwald
Südschwarzwald
Bad Bellingen
Wiesental
KANDERN
ZELL im Wiesental
Badische Weinstraße
Rhein
1
2
3
4
5

ERLEBNIS SÜDBADEN

Weinreben prägen die Landschaft am Kaiserstuhl und im Markgräflerland. Genuss wird hier ganz großgeschrieben, nicht nur, wenn es um Weine geht. Genussvoll sind auch die Wanderwege in den Weinbergen und im nahen Schwarzwald.

1 Kaiserstuhl

Bis zu 557 m ragt das aus vulkanischer Aktivität im Oberrheingraben entstandene Kleingebirge aus dem Rheintal auf. Die Jahrmillionen alten Ergussgesteine wurden von herangewehten Lössschichten bedeckt, die einen fruchtbaren Boden bilden und den Weinbau begünstigen.

SEHENSWERT

Riegel, gerne als „Freiburg der Antike" bezeichnet, hatte in römischer Zeit als Verwaltungszentrum Bedeutung. Ein archäologischer Rundweg führt zu Fundstellen der Kelten- und Römerzeit sowie des frühen Mittelalters.
In **Endingen** erinnern das ehem. Kornhaus (1617; heute Rathaus), das barocke Haus Krebs am Marktplatz und das Museum im Üsenberger Hof an die vorderösterreichische Epoche der Stadt (Adelshof 20; April–Okt. Mo. bis Fr. 10.00–12.30 und 14.00–17.00, Sa. 10.00 bis 12.00, im Winter kürzer).
Im Naturschutzgebiet **Amolterner Heide** wachsen zahlreiche Orchideenarten. Das Fachwerkhaus „Zu den Fünf Türmen" in **Burkheim** zählt zu den schönsten des Kaiserstuhls und prägt das unter Denkmalschutz stehende Ensemble mit kleinen Bürgerhäusern aus dem 16. bis 19. Jahrhundert. Einmalig in Deutschland ist das Korkenzieher-Museum (Mittelstadt 18, www.korkenzieher.de; März–Dez. Mi.–Sa. 11.00–18.00 Uhr).
In Vogtsburg-**Niederrotweil** steht die älteste Kirche am Kaiserstuhl. Bereits 1157 wurde die Friedhofskirche St. Michael erwähnt.
In **Achkarren** lockt das Weinbaumuseum in einer ehem. Zehntscheuer (Schlossbergstraße, www.vogtsburg.de; Palmsonntag–1. Nov. Di. bis Sa. 14.00–17.00 Uhr).

AKTIVITÄTEN

Am **Kaiserstuhl** TOPZIEL kann man wunderbar **wandern** – beispielsweise auf dem 16 km langen Nord-Süd-Weg von Endingen nach Ihringen. Ungewöhnlich sind die Endinger Gässliwanderungen (Ostern–Okt. Di. 10.00 Uhr ab Marktplatz). Die Fahrt von Riegel nach Breisach mit dem historischen **Rebenbummler** dauert knapp 2 Std. (Eisenbahnfreunde Breisgau e.V., www.eisenbahnfreunde-breisgau.de; April–Okt.)

HOTEL UND RESTAURANT

200 Jahre Tradition hat die bodenständige badische Küche im **€ € € Winzerhaus Rebstock** (Badbergstraße 22, 79235 Vogtsburg-Oberbergen, Tel. 07662/93 30 10; Mo. und Di. Ruhetag,). Gegenüber befindet sich das Hotel und Restaurant **Schwarzer Adler**, das wie auch der Rebstock zum Weingut Franz Keller gehört (www.franz-keller.de).

Blick zum Burgberg in Breisach (oben); Altstadtromantik in Endingen am Kaiserstuhl. Die Weinreben reichen bis zum Horizont, auch bei Burkheim am Kaiserstuhl.

INFORMATION

Kaiserstühler Verkehrsbüro, Adelshof 20, 79346 Endingen, Tel. 07642/68 99 90, www.endingen.de

2 Breisach

Schon ein bisschen abseits vom Kaiserstuhl liegt die Europastadt Breisach (16 100 Einw.), in der Frühzeit ein keltischer Fürstensitz. Im 15. Jh. wurde die Stadt zu einer der stärksten Festungen Europas ausgebaut, die aber 1793 von den Franzosen vollständig zerstört wurde. Im Zweiten Weltkrieg erneut in weiten Teilen in Schutt und Asche gelegt, wurde die Stadt innerhalb von zehn Jahren wieder aufgebaut.

SEHENSWERT

Wahrzeichen Breisachs ist das romanische **Münster St. Stephan** TOPZIEL (12.–15. Jh.), das die Stadt überragt. Bekannt sind der geschnitzte Hochaltar (um 1525) und die Wandmalereien Martin Schongauers, 1491 in Breisach verstorben. Auf dem Münsterberg liegt der historische Stadtkern mit dem **Radbrunnenturm** (um 1200). Im Turm waren Rats-, Gerichts- und Folterstube untergebracht. Von den einst 30 Toren und Wehrtürmen der Stadt sind sechs erhalten. Das **Rheintor** wurde 1675 als Triumphportal am östlichen Ende der damaligen Rheinbrücke erbaut und zählt zu den beeindruckendsten barocken Festungstoren (heute **Museum für Stadtgeschichte**, Rheintorplatz 1; Di.–Fr. 14.00–17.00, Sa., So. und Fei. 11.30–17.00 Uhr). In Breisach hat der **Badische Winzerkeller** seinen Sitz, eine der großen Erzeuger-Kellereien Europas (Zum Kaiserstuhl 16, Tel. 07667/90 01 20, www.badischer-winzerkeller.de; Kellerführungen mit Weinprobe April–Okt. Di. und Do. 14.00 Uhr).

AKTIVITÄTEN

Von Breisach aus sind von April bis Dez. **Rheinfahrten** möglich (BFS-Linie Breisacher Fahrgastschifffahrt, Rheinuferstraße/Schiffsanlegestelle Brücke 2, 79206 Breisach, Tel. 07667/94 20 10, www.bfs-linie.de), die sich mit der **Museumseisenbahn Rebenbummler** kombinieren lassen (s. Kaiserstuhl). Radler führt der **Kaiserstuhl-Radwanderweg** durch Weinorte an Kaiserstuhl und Tuniberg (64 km; www.kaiserstuhl.eu).

INFORMATION
Breisach-Touristik,
Marktplatz 16, 79206 Breisach,
Tel. 07667/94 01 55,
www.tourismus.breisach.de
www.naturgarten-kaiserstuhl.de

3 Staufen

Erstmals wurde das von seinem Schlossberg überragte Breisgauer Mittelzentrum (8500 Einw.) 770 erwähnt. Lange war Staufen wegen Rissen an Gebäuden der denkmalgeschützten historischen Altstadt als Folge von Geothermiebohrungen in den Schlagzeilen.

SEHENSWERT
Über dem Städtchen Staufen erhebt sich weithin sichtbar die **Burgruine**. Im autofreien Ortskern steht am Marktplatz das spätgotische **Rathaus** (Urspr. 1546) mit dem Stadtmuseum (Mo.–Fr. 8.00–12.00, Mo. 14.00–18.00, Di. und Do. 14.00–16.30, So. 14.00–17.00 Uhr) und das **Gasthaus Löwen**, in dem der Teufel im Jahr 1539 Dr. Faust den Hals umgedreht haben soll. Im **Keramikmuseum** sind eine original erhaltene Töpferwerkstatt sowie Wechselausstellungen zeitgenössischer Keramiker (Wettelbrunnerstraße 3, www.landesmuseum.de; Feb.–Nov.

Der mittelalterliche Stadtkern Staufens ist denkmalgeschützt (oben); Wanderer im Weinberg (oben rechts); Kloster St. Trudpert im Münstertal

Mi.–Sa. 14.00–17.00, So. ab 12.00 Uhr) zu sehen.

HOTELS
Wunderbar am Schauinsland liegt **€ € € € Die Halde** (79254 Oberried-Hofsgrund, Tel. 07602/9 44 70, www.halde.com).
Das **€ € € Spielweg** in herrlicher Landschaft verteilt seine Zimmer auf mehrere Gebäude (Spielweg 61, 79244 Münstertal, Tel. 07636/70 90, www.spielweg.com).

UMGEBUNG
Bad Krozingen besitzt eines der schönsten Thermalbäder Südbadens, die Vita-Classica-Therme mit bis zu 36 °C (www.bad-krozingen.info; tgl. 8.30–21.30 Uhr).
Das **Münstertal** ist Tal und Gemeinde zugleich. Keimzelle war das Kloster St. Trudpert, im 9. Jh. aus einer Einsiedelei eines irischen Missionsmönchs entstanden. Das nach Zerstörungen im Dreißigjährigen Krieg erbaute helle Kirchenschiff mit acht prunkvollen Altären ist ein Meisterwerk barocker Baukunst (1712/1716). Im Besucherbergwerk Teufelsgrund kann man die 1958 geendete 1000-jährige Bergbaugeschichte des Münstertals verfolgen (www.besuchsbergwerk-teufelsgrund.de; April–Okt. Di., Do. und Sa. 10.00–16.00, So. und Fei. 13.00–16.00, Juli und Aug. auch Mi. und Fr. 13.00–16.00 Uhr).
Auch der **Schauinsland TOPZIEL** (1284 m) hat eine Bergbauvergangenheit. Darüber hinaus bietet die Bergwelt Schauinsland eine Vielzahl von Freizeitangeboten (s. Seite 34).
Über das Wiedener Eck führt die Münstertalstraße hinauf zum **Belchen** (1414 m). Der vierthöchste Schwarzwaldgipfel verspricht einen grandiosen Blick zu den Alpen und den Vogesen (Seilbahn ab Obermulten, www.belchen-seilbahn.de; tgl. 9.15–17.00 Uhr).

INFORMATION
Zweckverband Breisgau-Süd Touristik, Wasen 47, 79244 Münstertal, Tel. 07636/7 07 40, www.muenstertal-staufen.de

4 Müllheim

Müllheim (19 300 Einw.) – seinen Namen hat es von einst zahlreichen Mühlen – ist das geografische und kulturelle Herz des Markgräflerlandes. Die Stadt entwickelte sich im 17. Jh. durch den Weinhandel. Seit 1872 findet am letzten Fr. im April der älteste badische Weinmarkt statt.

SEHENSWERT
Die **Martinskirche** mit Freskenmotiven des Jüngsten Gerichts (14. Jh.) ist das kulturhistorisch bedeutsamste Gebäude der Stadt; heute dient die Kirche als Konzertsaal. Direkt am Marktplatz steht das klassizistische Blankenhorn-Palais (um 1780) mit dem **Markgräfler Museum** (Wilhelmstraße 7, www.markgraefler-museum.de; Mi.–Sa. 14.00–18.00, So. 11.00–18.00 Uhr); gezeigt werden Sammlungen zu Weinbau, Regionalgeschichte und zur Kunst am südl. Oberrhein.

AKTIVITÄT
Alle zwei Jahre (wieder 2025) feiern die Markgräfler an **Christi Himmelfahrt** ein Fest zu Ehren des Gutedels auf der Badischen Weinstraße zwischen Staufen und Müllheim.

HOTEL UND RESTAURANT
Ein badisches Gasthaus, bei dem einfach alles stimmt: Die **€ € / € € € Krone** in Mauchen. Dunkle Eichentische, badische Spezialitäten und hervorragende Weine vom benachbarten Weingut Lämmlin-Schindler (Müllheimer Straße 6, 79418 Schliengen-Mauchen, Tel.

DER BELCHEN VERSPRICHT EINEN GRANDIOSEN BLICK ZU DEN ALPEN UND DEN VOGESEN.

Tipp

Etwas für Gartenfreunde

Zwei besondere Gärten erwarten Naturliebhaber im Markgräflerland. In Sulzburg wachsen rund 3000 Arten und Sorten winterharter Gartenstauden. Spezialitäten sind Schwert- und Taglilien, Pfingstrosen und Türkenmohn. Das Landhaus Ettenbühl ist auf Rosen spezialisiert. Eine ca. 5 ha große Parkanlage im englischen Stil umfasst verschiedene Themengärten. Wer will, kann sein Rosen-Wissen in Workshops vertiefen.

Staudengärtnerei Gräfin von Zeppelin, Weinstraße 2,
79295 Sulzburg-Laufen,
Tel. 07634/55 03 90,
www.graefin-von-zeppelin.de
Landhaus Ettenbühl,
79415 Bad Bellingen-Hertingen,
Tel. 07635/82 79 70,
www.landhaus-ettenbuehl.de

07635/98 99, www.krone-mauchen.de; Mo. und Di. Ruhetag).

UMGEBUNG
Im Museum Villa Urbana in **Heitersheim** wird um eine ausgegrabene Villa aus dem 1. Jh. die Zeit der Römerherrschaft lebendig (April bis Okt. Di.–Sa. 13.00–18.00, So. 11.00–18.00 Uhr). Durch Weinberge führt der Weg nach **Sulzburg**. Vom Marktplatz führt ein 5 km langer Rundwanderweg an Stollen und bergbaugeschichtlichen Plätzen vorbei. Das Landesbergbaumuseum in Sulzburg schließt ab Oktober 2023 und soll an einem anderen Ort neu eröffnet werden. Die einzige nicht zerstörte Synagoge aus der Zeit Friedrich Weinbrenners war der dritte Synagogenbau im damaligen Großherzogtum Baden (Gustav-Weil-Str. 18; 1. u. letzter So. im Monat 16.00–18.00 Uhr).
Die Thermalquellen in **Badenweiler** nutzten schon die Römer im 1. Jh. n. Chr. An die Cassiopeia-Therme (www.staatsbad-badenweiler.de; tgl. 9.00–22.00 Uhr) schließt sich unterhalb der Burgruine der Kurpark mit fast mediterraner Vegetation an. Vom römischen Aquae Villae blieben Bäderruinen (www.badruine-badenweiler.de; tgl. 10.00–17.00, April bis Okt. bis 19.00 Uhr).

INFORMATION
Schwarzwald Tourismus GmbH, Kompetenzzentrum Tourismus, Wiesentalstraße 5
79115 Freiburg, Tel. 0761 89 64 60,
www.schwarzwald-tourismus.info/schwarzwald/regionen/markgraeflerland

5 Kandern

Der 8500-Einw.-Ort war im Mittelalter für Eisenerzbergbau bekannt und ist seit dem 16. Jh. ein Zentrum der Töpferei. 1848 fand in Dorfnähe eine der wesentlichen Schlachten der Badischen Revolution statt.

SEHENSWERT
Der **Blumenplatz** ist eine schöne klassizistische Platzanlage. Im **Heimat- und Keramikmuseum** sind neben der Geschichte des Töpferhandwerks auch Werke bekannter Keramikkünstler zu finden (Ziegelstraße 30; April–Okt. Do. 14.00–16.00, So. 11.00–16.00 Uhr). Der August-Macke-Rundweg führt zu Stationen, an denen der Expressionist gemalt und gelebt hat.

UMGEBUNG
Richtung Rhein liegt **Bad Bellingen**; auch hier hat heilendes Thermalwasser den Ort geprägt (www.balinea.de; tgl. 10.00–22.00 Uhr).
Nördl. steht das schöne spätbarocke **Schloss Bürgeln** mit Ausblick und Rosenpark (www.schlossbuergeln.de; Führungen März–Mitte Nov. tgl. 11.00, 12.00, 14.00, 15.00 und 16.00, sonst Sa. und So. 14.00, 15.00 und 16.00 Uhr).

INFORMATION
Tourist-Information, Hauptstraße 18,
79400 Kandern, Tel. 07626/97 23 56,
www.kandern.de

DURCH DIE LÖSSGASSEN

Wandern am Kaiserstuhl ist immer ein Erlebnis: Orchideenblüte im Frühling, südländisch anmutende Sommertage, bunte Rebhänge im Herbst und klare, weite Ausblicke im Winter. Durch die schönste Lösshohlgasse des Kaiserstuhls und über dessen höchste Erhebung, den Totenkopf, führt eine Rundwanderung ab Bickensohl.

Steil ragen die gelben Wände rechts und links der Eichgasse nach oben und geben nur ein schmales Stück vom blauen Himmel frei. Insekten schwirren durch die Luft und verschwinden in den Schlupflöchern des weichen Lössbodens. Reste alter Vorratskeller, seltene Pflanzen und Nistmulden für Vögel finden sich rechts und links der schönsten Lössgasse des Kaiserstuhls. Flugsande aus der Kälteperiode der Eiszeit lagerten sich am Kaiserstuhl ab, teilweise bis zu 30 Meter hoch, in die sich über Jahrhunderte hinweg Wirtschaftswege eingegraben haben. Viele von ihnen sind vor allem in den 1970er-Jahren im Zuge der großflächigen Terrassierung der Rebflächen verschwunden, doch die mittlerweile unter Naturschutz stehende Eichgasse blieb glücklicherweise erhalten. Der Weg führt aus der Hohlgasse heraus weiter durch

Die Wände der Lössgassen im Kaiserstuhl sind steil. Im Bild die Eichgasse bei Bickensohl.

Rebzone und Wälder zum Totenkopf (557 m) mit einer grandiosen Um- und Aussicht.

Zurück geht es durch Reben, Wiesen und Wald mit immer wieder neuen Aussichten und kurz vor Bickensohl nochmals durch einen Hohlweg, die Lössgasse Bitzingen.

Ausgangspunkt der Rundwanderung ist der kleine Winzerort Bickensohl.
Wegstrecke: ca. 10,5 km, Abkürzungen sind möglich. Darüber hinaus bietet die Region zahlreiche weitere Themenpfade an.
Broschüre und Wanderkarte sind erhältlich beim Tourismusbüro Naturgarten Kaiserstuhl, Marktplatz 16, 79206 Breisach, Tel. 07667/94 26 73, www.naturgarten-kaiserstuhl.de

Colmar

*

FACHWERK UND GROSSE KUNST

*

Hochkarätig der Isenheimer Altar, hochkarätig die mittelalterliche Baukunst, hochkarätig der Genuss in Weinstuben und in Restaurants – was Colmar zu bieten hat, beschreibt man am besten mit Superlativen.

Colmars Schmuckstück: Klein-Venedig im abendlichen Lichterglanz

Colmar ist zwar die drittgrößte Stadt des Elsass, wirkt aber nicht nur an der Place de l'Ancienne Douane eher wie eine Puppenstube.

Einblicke in die Altstadtgassen: Hinter dem Treppentürmchen des Pfisterhauses ragt die Martinskirche auf (links). Jedes Fachwerkhaus ist ein Kunstwerk für sich (rechts).

Zwischen Karlsruhe und Basel, zwischen Schwarzwald und Vogesen gibt es wohl kaum einen Anbieter von Busreisen, der nicht einen Tagesausflug nach Colmar im Programm hat. Täglich steuern zahllose Busse die Hauptstadt des Mittelelsass an, bringen ihre Gäste meist direkt zum Unterlindenmuseum, wo der weltberühmte Isenheimer Altar gezeigt wird, und entlassen sie dann in eine der größten Fußgängerzonen Europas. Colmar ist ein Magnet für Besucher der nahen und fernen Umgebung, und das zu Recht. Es ist eine der schönsten Städte des Elsass mit romantischen Gassen und alten Fachwerkhäusern, mit Bauten aus der Renaissance und Wasserwegen, die entfernt an Venedig erinnern.

Das historische Zentrum Colmars bietet ein hervorragendes Bild mittelalterlicher Bauweisen und steht deshalb unter Denkmalschutz. In den alten Gebäuden haben sich traditionelle und moderne Geschäfte niedergelassen. Alte Weinstuben mit Speisekarten, auf denen traditionell Flammkuchen und elsässisches Sauerkraut angeboten werden, sind hier zu finden und Bistros, die leichte Küche für eine kurze Mittagspause anbieten. Auf alle Fälle sitzt man gern draußen, sobald es das Wetter erlaubt. Mediterranes Lebensgefühl stellt sich beim sommerlichen Bummel durch die Altstadt ein. Im Winter zieht man sich gern in Cafés und Bistros zurück, um bei einem Kaffee das Neueste zu diskutieren.

ELSÄSSISCHE WEINHAUPTSTADT

Colmar ist das elsässische Weinbauzentrum mit einer jährlich stattfindenden Weinmesse, die als Gäste auch die badischen Winzer anzieht. Das Elsass und Korsika sind die einzigen Regionen in Frankreich, in denen der sogenannte Regionalrat des Nationalen Instituts für gesetzlich bestimmte Herkunftsbezeichnungen INAO seine Beschlüsse unabhängig von Paris treffen darf – für das zentralistisch regierte Frankreich eine

In der Rue des Marchands befindet sich das im 15. Jahrhundert errichtete Haus Zum Kragen.

„Café au Croissant Doré“ in der Rue des Marchands: ein idealer Ort, um dem geschäftigen Treiben auf der Straße gelassen zuzusehen

Geranien, Fachwerk, dunkles Holz: Diese typischen Zutaten Colmars finden sich auch in der Rue des Marchands.

Den Glauben an die Heilkräfte der Religion demonstriert der Isenheimer Altar.
Er allein ist schon eine Reise ins Elsass wert.

Matthias Grünewald

Special

Große Nähe zum einfachen Volk

Wer dieser Mathis Gothart Nithart, von den Kunsthistorikern Matthias Grünewald (um 1480–1528) genannt, wirklich war, weiß niemand. In Würzburg geboren, gilt er neben Albrecht Dürer und Bernhard Strigel als bedeutendster Vertreter der deutschen Renaissance.

Das einzige Zeugnis über Grünewalds religiösen und sozialen Standort gibt sein Werk. Der Künstler, der seinen Lebensunterhalt über Jahre auch als Hofbeamter in Aschaffenburg und als Wasserbauhandwerker verdiente, war stark mit dem einfachen Volk verbunden, das ihm für seine Gemälde Modell stand.

In Colmar ist Grünewalds Hauptwerk, der Isenheimer Altar, zu sehen. Dieser dreifache Wandaltar mit zehn Tafelbildern und doppelten Flügeltüren zählt zu den bedeutendsten Kunstwerken des 16. Jahrhunderts. Grünewald hat ihn für das Antoniterkloster in Isenheim geschaffen. Die Antoniter behandelten dort am „Antoniusfeuer" erkrankte Menschen. Dessen Auslöser ist der Mutterkornpilz, der zu Darmkrämpfen, Verwirrtheit, Wahnvorstellungen, Absterben von Gliedmaßen bis hin zum Tod führt. Im Mittelalter war der Mutterkornpilz ein weit verbreiteter Brotgetreide-Parasit und wurde oft unwissentlich mit dem Brot verzehrt. Vor Beginn der medizinischen Behandlung durch die Klosterbrüder wurden die Kranken in Isenheim vor den Altar geführt, in der Hoffnung, der hl. Antonius könne eine Wunderheilung vollbringen. Auf den Tafeln sind Schlüsselszenen christlichen Glaubens dargestellt. Die Kreuzigungsdarstellung ist eine der schauerlichsten in der abendländischen Kunst.

Paul Hindemith hat dieser schillernden Künstlerpersönlichkeit eine Oper in sieben Bildern gewidmet: „Mathis der Maler", uraufgeführt 1938 in Zürich.

sehr bemerkenswerte Tatsache. Neben dem Institut hat auch das Komitee der Elsässer Weine, in dem zahlreiche Winzergenossenschaften, Weinhändler und Genossenschaftswinzer vereint sind, seinen Sitz in Colmar. Schon im Mittelalter verschickten die Weinhändler des Elsass ihre Produkte nach ganz Europa. Heute hätten sie gern, dass Colmar sich stärker als Weinstadt präsentiert und nicht so sehr auf die Museen abhebt. Einmal im Jahr steht Colmar allerdings fast ausschließlich im Zeichen des Weins. Rund 250 000 Besucher probieren und kaufen bei der Weinmesse edle Tropfen und solche für den Alltag und genießen das reichhaltige kulturelle Angebot, das anlässlich dieses sommerlichen Höhepunkts geboten wird.

EIN HORT DER KUNST

Auch wenn die Winzer den Wein gern mehr betont hätten, Colmar ist und bleibt vor allem wegen eines Kunstwerkes berühmt, einem Hauptwerk abendländischer Kultur. Den Isenheimer Altar sollte jeder gesehen haben, der nach Colmar kommt! Vom Unterlinden-Museum aus gelangt man schnell in die Stadt, zu den zahlreichen bemerkenswerten Bauwerken wie zum Beispiel dem Maison des Têtes, dem Kopfhaus, das mit mehr als 100 Köpfen geschmückt

Aus Colmar nicht wegzudenken: Kulinarische Genüsse aller Art, vorneweg köstliche Pâtisserie

Der mit Rosinen und Mandeln aromatisierte Gugelhupf zählt zu den Elsässer Klassikern.

Elsässer Spezialitäten: Fündig wird man zum Beispiel bei Delikatessen-Vincent in der Rue des Boulangers …

… oder auf der Weinmesse in Colmar, die aber auch als Rockfestival hunderttausende Besucher in die Stadt lockt.

ist. Dort hatten im 19. Jahrhundert elsässische Weinbauern eine Weinbörse gegründet, die nicht nur für den Handel gedacht war, sondern auch, um gemeinsam ein Glas zu trinken und über den Lauf der Geschäfte zu diskutieren. In der benachbarten Dominikanerkirche ist ein weiteres Kunstwerk ausgestellt, für das sich der Weg nach Colmar lohnen würde, wenn nicht schon so viele andere Gründe für einen Besuch in diesem großen Freilichtmuseum sprechen würden: die meisterliche spätgotische „Madonna im Rosenhag". Sie ist das früheste Gemälde des um das Jahr 1450 in Colmar geborenen Künstlers Martin Schongauer.

UNTERWEGS INS MITTELALTER

Etwas außerhalb der Fußgängerzone liegt eine weitere Besonderheit Colmars: La Petite Venise oder Klein-Venedig, ein romantisch anmutendes Viertel, das beispielhaft restauriert am kleinen Fluss Lauch liegt. Mit Booten lässt es sich ab dem Pont St-Pierre erkunden oder zu Fuß entlang der Rue de la Poissonnerie, wo einst Fische gehandelt wurden. An der Markthalle vorbei werden die Häuser noch höher und schmaler, um die Dachböden luftig zu halten, sollten hier doch Tierhäute trocknen. Man ist ins Gerberviertel gekommen, wo noch bis vor 200 Jahren Felle und Leder Lebensgrundlage waren.

EINE WEITERE BESONDERHEIT COLMARS IST LA PETITE VENISE, EIN ROMANTISCHES VIERTEL AM KLEINEN FLUSS LAUCH.

Wer die zahlreichen Hauptattraktionen der Stadt gesehen hat, sollte sich zwischen reichverziertem Fachwerk und bunten Blumenkübeln treiben lassen und die sich dabei immer wieder eröffnenden wunderschönen Perspektiven genießen.

Spargel

EIN KÖNIGLICHES GEMÜSE

Die Bedingungen sind für den Spargel im Dreiländereck ideal: Fruchtbare Böden in der Rheinebene und mildes Klima machen die Gegend zur Hochburg des „königlichen" Gemüses. Im Elsass gibt es sogar eine Spargelbruderschaft.

Die Köpfe müssen fest geschlossen sein, die Stangen sollen quietschen, wenn man sie aneinanderreibt, und wenn man sie aneinanderschlägt, muss ein heller Ton erklingen. Wenn dann noch der Anschnitt glatt, etwas feucht und nicht faserig ist, dann steht fest, dass man frischen Spargel in Händen hält, vielleicht erst vor wenigen Stunden gestochen. Dieser Test ist vor allem für elsässische und Schweizer Kunden wichtig, da sie im Gegensatz zu den badischen Käufern mehr auf den Lebensmitteleinzelhandel setzen. Die Badener bevorzugen es, beim Spargelbauern direkt einzukaufen und haben dadurch eher eine Frischegarantie. Jeder zweite Haushalt in Deutschland kauft nach einer statistischen Erhebung im Frühjahr frischen Spargel ein – im Markgräflerland und am Tuniberg sind es bestimmt einige mehr.

ÖKOSPARGEL IST GEFRAGT

Die große Nachfrage nach den weißen Stangen hat dazu geführt, dass sich die Anbaufläche für Spargel in diesem Gebiet in den vergangenen Jahren verdoppelt hat, zwischen Tuniberg und Bad Krozingen an manchen Stellen sogar versechsfacht. Da lohnt es sich, hinzuschauen, woher der Spargel kommt, denn er nimmt sein Umfeld mit in den Kochtopf und schmeckt entsprechend. Im ökologischen Landbau düngen die Spargelbauern mit Kuhmist. Klingt nicht so lecker, vitalisiert und fördert aber Mikroorganismen und damit das Bodenleben. Der Spargel schmeckt intensiv, aber auf alle Fälle nicht nach Mist. Man sollte das nicht überbewerten, aber ein organisch gedüngter Spargel kann leichter diesen typischen zarten, feinherben Geschmack entwickeln, wogegen mit Kunstdünger gepflegter Spargel oftmals langweiliger schmeckt. Außer Wasser – und von dem auch nicht zu viel – und ein paar wenigen Gewürzen, vielleicht einem Schuss Zitronensaft, braucht der Spargel eigentlich nicht viel, um sein typisches Aroma zu entfalten.

EINE ALTE HEILPFLANZE

Auf den fruchtbaren Böden der Rheinebene gedeiht das weiße Gemüse aus der Familie der Liliengewächse schon seit Langem und wurde in seiner wilden Form auch als Heilpflanze eingesetzt. Ursprünglich kommt er aus dem östlichen Mittelmeerraum. Als Erste haben die Ägypter Spargelpflanzen im Nildelta kultiviert, von wo aus sie in der Antike nach Griechenland und Italien kamen, wo die Römer den Spargel bereits so anbauten, wie wir es heute kennen: in hügeligen Reihen, die sich über die Felder ziehen.

Was die Römer nicht kannten, sind die Folien, die heute ab dem zeitigen

Unter Folie erwacht der Spargel noch früher aus dem Winterschlaf (oben). Die Ernte bleibt eine anstrengende Knochenarbeit (unten).

Höchste Zeit zur Spargelernte!

DIE STEIGENDE NACHFRAGE NACH SPARGEL HAT IN DEN LETZTEN JAHREN ZU EINER VERDOPPELUNG DER ANBAUFLÄCHE GEFÜHRT.

In der Falkenstube des Freiburger „Colombi Hotels" werden feine Spargelgerichte serviert.

Frühjahr die Spargelfelder überspannen. Zu Beginn zeigt deren schwarze Seite nach außen, um die Wärme der ersten Sonnenstrahlen in den Boden zu leiten, danach zeigt sich die weiße Seite der Folie, die den Lichteinfall und den Wuchs des Unkrauts reguliert. Und woran die Römer in ihren kühnsten Träumen bestimmt nicht gedacht haben, ist „fußbodenbeheizter" Spargel, der die lukrative Erntesaison um rund zwei Wochen nach vorn verlängert. Spargel wächst sehr schnell, etwa drei bis fünf Zentimeter pro Tag und muss deshalb immer rechtzeitig gestochen werden. Mit Fingerspitzengefühl tasten die Erntehelfer den Boden ab und holen mit einem speziellen Stechmesser die Stangen heraus. Sobald die Spargelköpfe ans Licht kommen, werden sie nämlich violett – und bitter. Gewaschen und sortiert wird die Ernte dann auf dem Hof. Stangen mit mindestens 12 Millimeter Durchmesser gehören zur Klasse „extra", ab zehn Millimeter zur Klasse „eins" und ab mindestens acht Millimeter zur Klasse „zwei". Ist die Zeit des Stechens zu Ende – Johanni ist Pflichttermin –, wächst sich der Spargel zu einer feinblättrigen, reich verzweigten Pflanze aus, die bis zu anderthalb Meter groß werden kann. Im Herbst trägt sie dann rote Beeren.

FRÖHLICHE SPARGELBRÜDER

Vermutlich wohnen die meisten französischen Spargelfreunde im Elsass. Von ihrem Anbaugebiet Village-Neuf, ganz in der Nähe von Basel, profitieren auch die Schweizer. Da die Franzosen gern eine Confrérie, eine Bruderschaft, gründen, wenn sie von etwas Kulinarischem begeistert sind, wundert es wenig, dass es in Village-Neuf seit 1985 eine Confrérie des Asperges gibt, eine Spargelbruderschaft. Der erste Artikel ihrer Satzung lautet: „Mitglied der Spargelbruderschaft kann nur werden, wer fröhlich ist, Spargel liebt, etwas von gutem Wein versteht, Gentleman oder Verehrerin des männlichen Geschlechts ist."

Fakten & Informationen

Spargelkonsum
Die Deutschen sind beim Spargelkonsum Spitze in Europa. Rund 140 000 Tonnen Spargel werden jährlich in Deutschland geerntet, davon fünf Prozent im ökologischen Landbau. Importiert werden jährlich ca. 27 000 Tonnen. Die Schweizer sind ähnlich begeisterte Spargelesser, aber bei den Franzosen kauft nur jeder dritte Haushalt überhaupt Spargel. Der insgesamt zunehmende Spargelkonsum ist auch dem Grünspargel zu verdanken.

Spargelsaison
Sie beginnt je nach Witterung Anfang/Mitte April und endet an Johanni, also dem 24. Juni. Der Tag wird bei den Spargelbauern auch „Spargelsilvester" genannt. Eine Eselsbrücke bietet die alte Bauernregel: „Kirschen rot, Spargel tot."

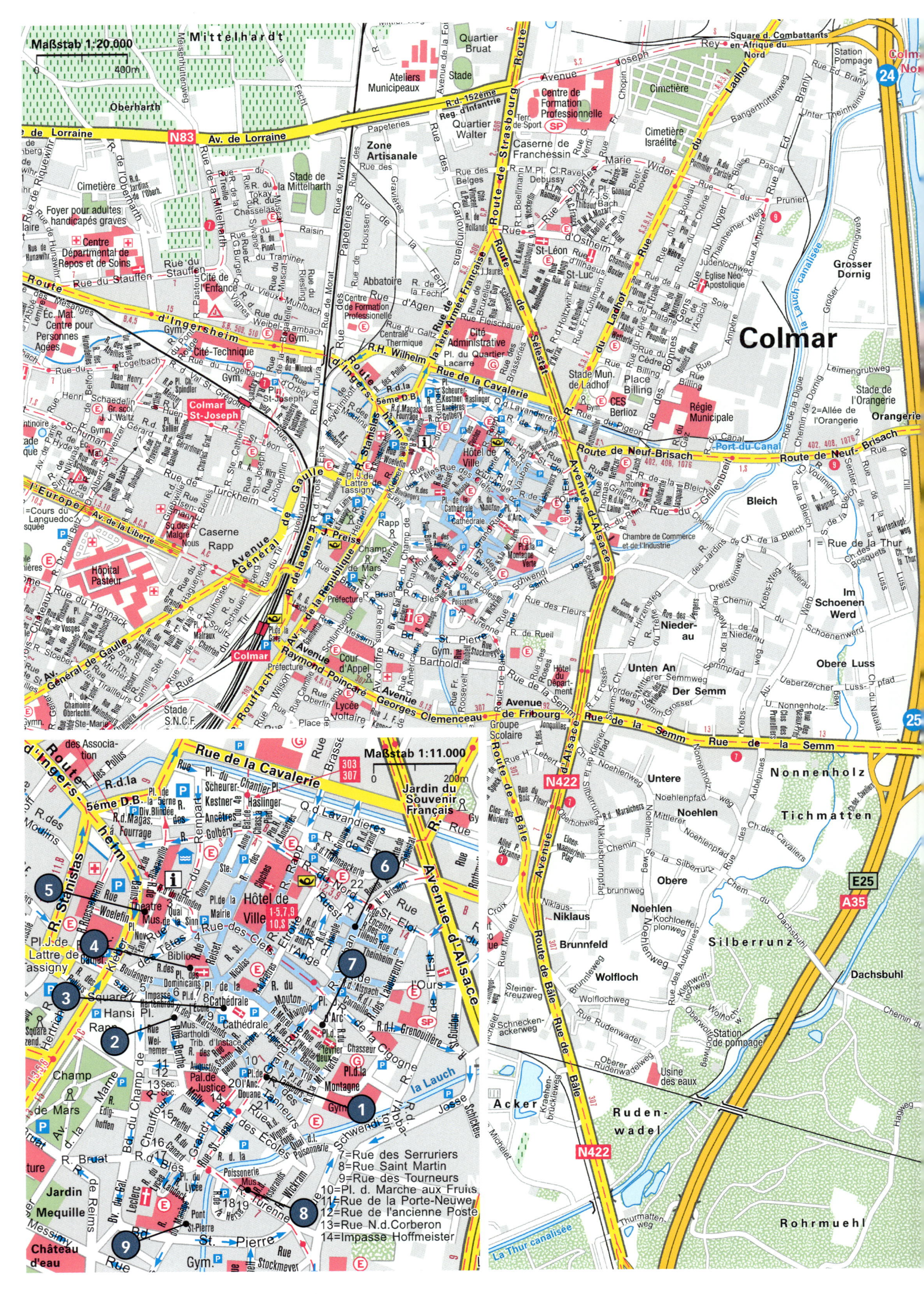

Maßstab 1:20.000
0
400m
Mittelhardt
Oberharth
Colmar
Route d'Ingersheim
Av. de Lorraine
N83
Rue de Lorraine
Zone Artisanale
Quartier Bruat
Ateliers Municipeaux
Stade
Quartier Walter
Centre de Formation Professionnelle
Caserne de Franchessin
Cimetière
Cimetière Israélite
Route de Strasbourg
Rue du Ladhof
Foyer pour adultes handicapés graves
Centre Départemental de Repos et de Soins
Stade de la Mittelharth
Abbatoire
Cité de l'Enfance
Cité Administrative
Cité-Technique
Colmar St-Joseph
Route de Sélestat
Stade Mun. de Ladhof
Place Billing
Régie Municipale
Grosser Dornig
Stade de l'Orangerie
2=Allée de l'Orangerie
Orangerie
Port-du-Canal
Route de Neuf-Brisach
Bleich
1 = Rue de la Thur
Chambre de Commerce et de l'Industrie
Hôtel de Ville
Caserne Rapp
Hôpital Pasteur
Avenue Général de Gaulle
Avenue de la Liberté
Préfecture
Colmar
Stade S.N.C.F.
Lycée Voltaire
Avenue Raymond Poincaré
Avenue Georges Clemenceau
Avenue de Fribourg
Im Schoenen Werd
Nieder-au
Unten An
Der Semm
Obere Luss
Rue de la Semm
Nonnenholz
Tichmatten
Untere
Noehlen
Obere
Noehlen
Niklaus
Brunnfeld
Wolfloch
Silberrunz
Dachsbuhl
Station de pompage
Usine des eaux
Acker
Ruden-wadel
Rohrmuehl
Route de Bâle
N422
E25
A35
La Thur canalisée
La Lauch canalisée
24
25
Maßstab 1:11.000
0
200m
Rue de la Cavalerie
Jardin du Souvenir Français
Avenue d'Alsace
R. Stanislas
Hôtel de Ville
Pl. de la Cathédrale
Cathédrale
Pl. Jeanne d'Arc
Pl. de la Montagne Verte
Pl.d.la Montagne
Champ de Mars
Jardin Mequille
Château d'eau
la Lauch
St. Pierre
1
2
3
4
5
6
7
8
9
7=Rue des Serruriers
8=Rue Saint Martin
9=Rue des Tourneurs
10=Pl. d. Marche aux Fruits
11=Rue de la Porte-Neuwe
12=Rue de l'ancienne Poste
13=Rue N.d.Corberon
14=Impasse Hoffmeister

VIEL MEHR ALS KUNST

Colmar nannte sich einst Columbarium, Taubenhaus. Heute spielen Tauben nur noch eine untergeordnete Rolle in der Stadt. Touristisch stellen die historischen Gebäude den größten Schatz der Stadt dar – neben Kunstwerken von überragendem Rang, allen voran dem Isenheimer Altar im Unterlinden-Museum.

Allgemein

Colmar ist mit 69 200 Einw. nach Straßburg und Mulhouse die drittgrößte Stadt im Elsass und Hauptstadt des Département Haut-Rhin (Oberrhein). Nachdem Kaiser Friedrich II. das 823 erstmals genannte Colmar 1226 zur Freien Reichsstadt erhoben hatte, konnte es sich zu einem bedeutenden Handelsplatz im Oberelsass entwickeln. Ab 1678 gehörte es zu Frankreich. Von 1871 bis 1919 war die seinerzeit für ihre Textilproduktion bekannte Stadt deutsch, dann wieder französisch. 1940 besetzten deutsche Truppen das Elsass. Colmar blieb von den Kämpfen während des Zweiten Weltkriegs weitgehend verschont, sodass die historischen Gebäude heute von Reichtum und Bedeutung der Stadt erzählen können.
Colmar war die erste Stadt in Frankreich, die ihre architektonischen Schätze ins rechte Licht setzte. Mehr als 1000 computergesteuerte Lichtquellen sind über die Stadt verteilt und so installiert, dass sie architektonische Besonderheiten an Häusern und in Gassen beleuchten. Bei Einbruch der Dämmerung beginnt der Lichterzauber, je nach Jahreszeit in unterschiedlichen Farben und Stimmungen. Fr., Sa. und bei herausragenden Ereignissen wie dem Musikfestival, der Weinmesse oder zur Weihnachtszeit lenken dynamische und statische Lichtquellen das Auge des Besuchers auf die Besonderheiten der Stadt.

Maison des Têtes; „Madonna im Rosenhag" von Martin Schongauer; Bootstour durch Colmars „Klein-Venedig"

INFORMATION
Touristeninformation Colmar,
Place Unterlinden, F-68000 Colmar,
Tel. 0033 (0)389 20 68 92,
www.tourisme-colmar.com

Sehenswert

Die von diversen historischen Bauten gesäumte **Grand Rue** durchzieht die beachtenswerte Altstadt und führt zum Obstmarkt und damit zur ❶ **Ancienne Douane** oder zum Koifhus (Altes Kaufhaus), wie die Elsässer sagen. Es ist das älteste öffentliche Gebäude der Stadt. 1480 gebaut und später erweitert (16. bis 18. Jh.), war es wirtschaftliches und politisches Zentrum. Im Erdgeschoss befanden sich Warenlager und Zollhallen. Im ersten Stock lagen die Versammlungsräume für die Abgeordneten des 1354 von zehn elsässischen Reichsstädten gegründeten Zehnstädtebundes (bis 1648); die Fenster des einstigen Sitzungssaals zeigen noch die Wappen der Städte. Geht man durch den Torbogen, kommt man zum **Schwendibrunnen** auf dem gleichnamigen Platz, der dem kaiserlichen Berater und Feldherrn Lazarus von Schwendi (1522–1584) gewidmet ist; der Bildhauer Fréderic Auguste Bartholdi (1834–1904) hat diesen Brunnen 1898 geschaffen – wie auch die Schongauer-Skulptur (1863) im Unterlinden-Museum. Berühmt wurde Bartholdi mit einem anderen Werk: der Freiheitsstatue im New Yorker Hafen, einem Geschenk Frankreichs (1886) an die Vereinigten Staaten zum Unabhängigkeitsjubiläum.

Tipp

Und dazu ein Riesling ...

Man isst ihn zum Wein und manche auch zum Kaffee, er ist weder richtig süß noch salzig: der Gugelhupf, der in jeder Bäckerei und in den vielen Spezialgeschäften für kulinarische Leckereien in Colmar und im Elsass angeboten wird, ist ein Napfkuchen aus Hefeteig mit Rosinen, eine süddeutsche Spezialität. Er wird in einer besonderen Form gebacken, die in der Mitte eine kaminartige Öffnung hat. Mehl, Eier, Milch, Zucker, etwas Salz, Butter, Mandeln, Rosinen und Hefe gehören zu einem guten Gugelhupf. Wichtig ist, dass alle Zutaten Zimmertemperatur haben, damit ein duftig leichter Kuchen entsteht, den die Elsässer vor allem zum Riesling schätzen.

Auf dem Weihnachtsmarkt in Petit Venise; In Colmars gemütlicher Grand Rue; Flammkuchen im Straßenverkauf

Über die Rue des Marchands gelangt man in wenigen Schritten zur 2 **Maison Pfister**. 1537 für den reichen Hutmacher Ludwig Scherer aus Besançon im Renaissancestil errichtet und reich bemalt, zählt dieses Gebäude zu den schönsten der Stadt; ungewöhnlich ist der zweigeschossige Eckerker, der in einem spitzen Turm endet. In der gegenüberliegenden Maison au Cygne (Haus zum Schwan) soll der Maler und Kupferstecher Martin Schongauer (1445–1491) gewohnt haben. Gegenüber hat die Stadt das Geburtshaus des Bildhauers Bartholdi als Museum eingerichtet (30, Rue des Marchands, www.musee-bartholdi.fr; Febr.–Dez. Di.–So. 10.00–12.00 und 14.00 bis 18.00 Uhr).

Durch einen Laubengang gelangt man von der Maison Pfister zur Place de la Cathédrale und dem wohl ältesten bürgerlichen Wohnhaus in Colmar, der 3 **Maison Adolphe** (1350); benannt ist es nach dem Eigentümer in der zweiten Hälfte des 19. Jhs., der die gotischen Fenster freilegen ließ. In der Nachbarschaft zeugt der Ancien Corps de Garde von Zeiten, als vom verzierten Gerichtslaubenerker die ergangenen Urteile verkündet wurden.

Die 1235–1365 erbaute 3 **Stiftskirche St. Martin** ist eines der bedeutendsten Bauwerke elsässischer Gotik. Die Spitze des Südturms brannte 1572 samt Dachstuhl ab und wurde später durch die zwiebelförmige Laterne ersetzt, die dem Gotteshaus seine charakteristische Silhouette verleiht; ein Nordturm war aus Kostengründen erst gar nicht gebaut worden. Bei 1982 abgeschlossenen Restaurierungen wurden die Fundamente einer früheren, um 1000 gebauten Kirche freigelegt (außer bei Gottesdiensten Di.–Fr. 8.15–17.45, So. 10.00 bis 19.00 Uhr).

Über die Rue des Serruriers erreicht man die 4 **Église des Dominicains**. Die frühgotische Dominikanerkirche (13.–15. Jh.) war lange Zeit das geistige Zentrum Colmars und einer der schönsten Bauten des Predigerordens am Oberrhein. Heute ist in der ehem. Kirche neben prächtigen Glasfenstern aus dem 14. u. 15. Jh.

IHREN NAMEN HAT DIE MAISON DES TÊTES VON DEN SKURRILEN KÖPFEN UND MASKEN, WELCHE DIE FASSADE ZIEREN.

Martin Schongauers „Madonna im Rosenhag" zu sehen, die er 1473 für die St.-Martin-Kirche gemalt hatte. Nachdem das Meisterwerk 1972 dort entwendet worden war, ist es nun im Chorraum der Dominikanerkirche zu betrachten (Ende März–Dez. Di., Do.–So. 10.00–13.00 und 15.00–18.00 Uhr).

Im Schatten der Dominikanerkirche steht in der gleichnamigen Straße die **Maison des Têtes** (Kopfhaus), 1609 für den Händler Antonius Burger gebaut und ein prächtiges Beispiel für die Architektur der Renaissance. Seinen Namen hat das Haus von den zahlreichen skurrilen Köpfen und Masken, welche die Fassade mit dem über drei Stockwerke reichenden Erker zieren.

Drittes großes Gotteshaus ist 7 **St-Matthieu** an der Grand Rue, die prachtvolle spätgotische Glasfenster des elsässischen Glasmalers Peter Hemmel von Andlau (15. Jh.) besitzt und bei Konzerten ihre barocke Johann-Andreas-Silbermann-Orgel erklingen lässt.

In die einstige Welt der kleineren Leute gelangt man über die Place de l'Ancienne Douane in das **Quartier des Tanneurs** (Gerberviertel) und an der Markthalle vorbei über die ehem. Straße der Fischhändler (Rue de la Poissonnerie) nach 9 **La Petite Venise TOPZIEL** (Klein-Venedig), wo heute kleine Cafés und Restaurants auf Besucher warten.

Museen

Eines der großartigsten Museen Frankreichs mit internationalem Ruf ist das 5 **Musée d'Unterlinden TOPZIEL**, 1852 in einem ehem. Dominikanerinnenkloster eröffnet. Rund um einen Kreuzgang aus dem 13. Jh. werden im Erdgeschoss die Sammlungen alter Kunst vom 11. bis 16. Jh. gezeigt. Im ersten Stock sind Kunstgewerbe und Volkskunst zu sehen, in einem Zwischengeschoss archäologische Sammlungen. Die Sammlung der Malerei des späten Mittelalters und der Renaissance zeigt vor allem Werke oberrheinischer Künstler wie Martin Schongauer. Der Weg durch die Bilder- und Skulpturensammlung führt in die ehem. Kapelle, in der überaus eindrucksvoll das Hauptwerk des Museums, der Isenheimer Altar, aufgebaut ist. An einem Modell an der Wand können die Besucher die für den Verlauf des Kirchenjahres vorgesehenen unterschiedlichen Ansichten des Altars nachvollziehen. Die gemalten Tafeln stammen von Matthias Grünewald, um 1515 für das Isenheimer Antoniterkloster geschaffen (s. auch Seite 61), die Plastiken (um 1500) vom elsässischen Bildschnitzer Niklaus von Hagenau. Im unterirdischen Verbindungsgang und im Ackerhof, von den Architekten Herzog & de Meuron erbaut, ist moderne Kunst ausgestellt (Place Unterlinden, www.musee-unterlinden.com; Mi.–Mo. 9.00–18.00 Uhr).

Mehr als 1000 m lang sind die Schienen der Modelleisenbahn im 6 **Musée du Jouet** (Spielzeugmuseum). Alles, womit Generationen von Kindern gespielt haben, ist dort ausgestellt. Darüber hinaus werden in dem ehemaligen Kino jährlich Sonderausstellungen gezeigt. Ein Eisenbahnnetz erstreckt sich über die komplette zweite Etage (40, Rue Vauban, www.museejouet.com; Juli, Aug. und Dez. tgl. 10.00 bis 18.00, sonst Mi.–Mo. bis 17.00 Uhr).

Das naturgeschichtliche und völkerkundliche 8 **Musée d´Histoire Naturelle et d´Ethnographie** wurde bereits 1859 gegründet. Eher selten für das Elsass, zeigt es auch nicht auf Europa bezogene Sammlungen (11, Rue de Turenne; www.museumcolmar.org; Di.–Fr. 9.00 bis 12.00 und 14.00–17.00, Sa. und So. 10.00 bis 12.00 und 14.00–18.00 Uhr).

Aktivitäten

Wer Colmar mit dem **Fahrrad** erkunden möchte, kann sich an der 7 Place de la Gare ein Velo, wie die Franzosen sagen, ausleihen (tgl. 9.00–12.00 und 14.00–19.00 Uhr). Radwegepläne gibt es bei der Touristinformation. **Rundgänge** durch Colmar werden auch auf Deutsch angeboten. Im Sommer gibt es samstags Abendführungen durch die beleuchtete Altstadt. Im Dez. fast tgl. französische Führungen durch das weihnachtliche Colmar (Informationen: Office de Tourisme).

Veranstaltungen

Das **Festival International de Colmar** im Juli zeigt die Vielfalt der klassischen Musik (www.festival-colmar.com). Im Aug. steht Colmar im Zeichen des Weines: Die **Foire aux Vins d'Alsace** ist Messe für Fachbesucher und Interessierte sowie Volksfest mit Freilichttheater, Musikveranstaltungen und kulinarischen Höhepunkten (www.foire-colmar.com). Im Dez. steht die Stadt im Zauber von **Noël à Colmar** mit Weihnachtsmärkten auf verschiedenen Plätzen sowie in La Petite Venise (s. Tipp; www.noel-colmar.com).

Hotel und Restaurants

€ € € Le Colombier ist ein zentral gelegenes, modernes Hotel mitten in Klein-Venedig (7, Rue de Turenne, Tel. 0033 (0)389 23 96 00, www.hotel-le-colombier.fr).
Das sehr moderne Sterne- Restaurant **€ € € Girardin** befindet sich im gleichnamigen Haus von 1609. Rustikaler ist die Brasserie. (Tel. 0033 (0)389 24 43 43; 19, Rue des Têtes, www.maisondestetes.com).
Die **€ € Wistub Brenner** ist eine originelle Weinstube mit traditionellen elsässischen Gerichten (Tel. 0033 (0)389 41 42 33; 1, Rue Turenne, www.wistub-brenner.fr). Im Sommer kann auf der Außenterrasse gespeist werden.

Tipp

Weihnachtsromantik

In Colmar stehen von Ende Nov. bis Silvester auf sechs Plätzen geschmückte Holzbuden, die alles anbieten, was irgendwie mit Weihnachten zu tun haben könnte. Auf der Place Jeanne d'Arc verkaufen Händler einheimische Produkte, unter anderem auch kulinarische Spezialitäten wie geräucherten Schinken und Eau-de-Vie, „Lebenswasser" also, wie die Franzosen Schnaps nennen. Ein Weihnachtsmarkt besonders für Kinder wird in Petite Venise aufgebaut. Auf der Place de l'Ancienne Douane beim und im Alten Kaufhaus ist vielleicht der schönste Teil der Colmarer Weihnachtsstadt. Dort sind auch zahlreiche Kunsthandwerker zu finden.

IM BOOT DURCH COLMAR

Manch skeptischer Blick trifft die schmalen Holzkähne, die am Steg beim Restaurant „La Krutenau" oder bei der Brücke Saint-Pierre anlegen. Aber trotz spartanischer Ausstattung der Boote drängen sich die Touristen an den Anlegestellen, um Colmar aus einer besonderen Perspektive zu sehen.

Behutsam setzen die Passagiere einen Fuß nach dem anderen in den alten Kahn, vorsichtig lassen sie sich auf einem der Holzbretter nieder, die zwei, maximal drei Personen Platz bieten. Aufatmen. Das kleine Boot liegt ruhig auf dem Wasser und setzt sich dank eines Elektromotors fast lautlos in Bewegung.

Sanft gleitet es unter der ersten Brücke durch, die Fahrgäste ducken sich ein bisschen. Notwendig wäre dies nicht, aber die gefühlte Höhe des Brückenbogens ist eindeutig niedriger als die tatsächliche. Durch eine wildromantische Landschaft, unter tief hängenden Zweigen hindurch, geht die Fahrt auf der Lauch weiter. Kaum zu glauben, dass ein paar Meter höher das touristische Leben Colmars pulsiert. Erst wenn die blumengeschmückten Fachwerkhäuser und die belebten Restaurant-Terrassen am Ufer

Auf ihrer Tour ziehen die Holzkähne auch an den farbenfrohen Fachwerkhäusern am Quai de la Poissonnerie vorbei.

erscheinen, tauchen die Passagiere in den „barquets" wieder in die Zivilisation ein. Wie ein Blitzbesuch in einer anderen Welt wirkt die Fahrt auf der Lauch durch La Petite Venise.

Barques Sweet Narcisse:
10, Rue de la Herse, bei der Brücke Saint-Pierre,
Tel. 0033 (0)389 41 01 94, www.barques-colmar.fr;
Feb.–Dez. tgl. 9.45–12.00 und 13.30–18.15 Uhr, Jan., Feb., Nov. kürzer, Tickets vor Ort, über die Internetseite oder im Tourismusbüro

Barques la Krutenau:
1, Rue de la Poissonerie, eine Seitenstraße der Rue Turenne,
Tel. 0033 (0)389 41 18 80;
April–Okt. tgl. 10.00–18.30 Uhr, Tickets an der Theke der Bar „La Krutenau"

Umgebung von Colmar

*

IDYLLEN AUF DEM LAND

*

Rund um Colmar zeigt sich die Landschaft abwechslungsreich. In malerischen Dörfern lässt es sich gemütlich bummeln oder beim Winzer auf eine Probe seiner Spezialitäten einkehren. Hoch über der Rheinebene thronen Burgen mit Ausblicken weit nach Deutschland und bis in die Schweiz hinein.

Ein elsässisches Vorzeigedorf: die Winzergemeinde Eguisheim. Die Brunnenstatue auf der Place du Château stellt Papst Leo IX. dar.

Wasser statt Wein: Die Ill fließt quer durchs ganze Elsass. Sie entspringt im Jura und mündet nach rund 217 Kilometern in den Rhein.

Weinberge, so weit das Auge reicht, bedecken die Ausläufer der Vogesen zum Rheintal hin.

Imposanter Nachbau: Kaiser Wilhelm II. ließ die zur Ruine verfallene Haut-Kœnigsbourg 1899 im Stil einer Ritterburg wieder aufbauen.

Das Elsass, Teil der riesigen Region Grand Est, ist sicherlich deren schönste Landschaft. Rund um Colmar häufen sich malerische Dörfer und Kleinstädte mit alten Fachwerkhäusern, gepflasterten Gassen und Storchennestern auf Türmen, Dächern und Kaminen. Eine besondere Anziehungskraft auf Besucher haben einige der zahlreichen Burgen und Ruinen.

EIN KAISERTRAUM WIRD WAHR

Burgruinen finden sich im Elsass entlang der Vogesen viele. Insgesamt sind es 280, von denen aber nur eine einzige wieder aufgebaut wurde: die Haut-Kœnigsbourg bei Kintzheim. Vor allem, wenn man an einem regnerischen Tag auf die Burg fährt, hoch oben auf einem Bergkegel, durch Nebelschwaden und regennasse Wälder, kann man nachvollziehen, dass Kaiser Wilhelm II. diese Ruine im Stil einer spätmittelalterlichen Ritterburg erneuern ließ – ein Jahrhundertwerk, allein schon wegen des technischen Aufwands. 30 Pferde brauchte es, um die Lokomotive „Hilda" vom Bahnhof Schlettstadt auf die 757 Meter hoch gelegene Baustelle zu ziehen. Gebraucht wurde „Hilda", um Material vom Ostteil der Baustelle in den Westteil zu transportieren und umgekehrt. Erst 1908 war das Werk vollendet – und bezahlt haben es die Elsässer, die um diesen Preis von dem Status befreit wurden, nur Reichsbürger quasi zweiter Klasse zu sein.

HEUTE IST DIE HAUT-KŒNIGSBOURG EINES DER MEISTBESUCHTEN AUSFLUGSZIELE IN GANZ FRANKREICH.

Heute ist die Haut-Kœnigsbourg eines der meist besuchten Ausflugsziele in Frankreich. 300 Stufen sind beim faszinierenden Rundgang durch die Burg zu überwinden, der vom Haupttor über den Wirtschaftshof, den Burghof zu den Ge-

Von Frühjahr bis in den Herbst finden an vielen Orten farbenprächtige Feste statt, so das Weinfest in Eguisheim, bei dem besonders schöne Trachten zu sehen sind (oben und unten rechts). Einfallsreiche Kostüme machen den Festzug anlässlich des Pfifferdaj in Ribeauvillé zur Augenweide (unten links).

Eguisheim lockt mit einem charmanten Stadtbild und großen Weinen.

AUF MITTELALTERLICHE TRADITIONEN HAT SICH TURCKHEIM BESONNEN, WO EIN NACHTWÄCHTER DURCH DIE GASSEN ZIEHT.

mächern im ersten und zweiten Obergeschoss führt, von deren Fenstern man an klaren Tagen einen atemberaubenden Blick auf die Rheinebene und den Schwarzwald hat.

BURGEN UND BREDELE

Sehr touristisch gestaltet sich der Besuch von Riquewihr. Der mittelalterlich wirkende Ort liegt am Ende eines kleinen Tales. Rund um die alte Stadtmauer wurden zahlreiche Parkplätze angelegt, um die Touristenströme aufzufangen. Wie in alten Zeiten gelangt man über ausgetretene Steinstufen durch schmale Einlässe in der Mauer ins Innere von Riquewihr, wo Souvenirläden die Besucher empfangen. Und die Bäckereien bieten als Tribut an die Touristen das ganze Jahr über „Bredele" an, traditionelles elsässisches Weihnachtsgebäck in vielen, vielen Sorten. Man kann nach Gusto mischen, und vor allem die „Butterbredele" schmecken auch im Sommer gut. Wegen seines nahezu vollständig erhaltenen Ortskerns und der Befestigungsanlagen aus dem 16. Jahrhundert gilt Riquewihr als eines der schönsten Dörfer Frankreichs.

Im benachbarten Kaysersberg machen zwar auch viele Touristen halt, es zeigt sich aber eher als lebendiges Städtchen denn als Freilichtmuseum. Seit bald 800 Jahren überragt die Ruine einer Burg des Staufers Kaiser Friedrich II. den Ort am Zugang zum Weißtal, strategisch wichtiger Punkt seit Urzeiten, da hier eine Römerstraße vorbeiführte, die das Elsass mit Lothringen verband.

Auf mittelalterliche Tradition hat sich auch Turckheim besonnen, das zwischen Mai und Oktober wieder einen Nachtwächter durch die Gassen ziehen lässt. Schließlich war Turckheim einst Freie Reichsstadt und stolzes Mitglied des Elsässischen Zehnstädtebundes. Aus dieser Zeit stammen die drei Tortürme, wovon „La Porte de France" der älteste ist. Ihn mussten seinerzeit alle Handelswaren passieren. Heute ist der Ort wegen seiner vorzüglichen Weinlagen bekannt.

HINAUF ZU DEN VOGESENHÖHEN

Turckheim liegt am Eingang des Munstertals, das dank des gleichnamigen Weichkäses – der so mächtig duftet und dennoch so mild schmecken kann – Berühmtheit erlangte. Wer im Munstertal konsequent der Departementstraße 10 und später der D 27 folgt, erreicht die Route des Crêtes, die Gratstraße, die vom Col du Bonhomme bis nach Cernay führt. Sie verläuft meist westlich der Gipfel und führt auch direkt am höchsten Berg der Vogesen vorbei, dem Grand Ballon. Ihn bezwungen, steht man an ei-

Das Ecomusée d'Alsace in Ungersheim zeigt, wie in vorindustrieller Zeit gelebt und gearbeitet wurde. Wasserkraft bildete die wichtigste Energiequelle.

Für Kinder stellt der Besuch des Ecomusée ein besonderes Erlebnis dar …

… schon der vielen Tierkinder wegen.

Symbolvogel Storch

Special

Es klappert von den Dächern

Im Elsass gilt der Storch als regionales Symbol, zumal er im übrigen Frankreich eher Seltenheitswert hat. Fast wäre dies auch im Elsass so weit gekommen.

In den 1970er-Jahren bestand akute Gefahr, dass die Weißstörche im Elsass aussterben würden. Soweit wollten es die Elsässer nicht kommen lassen. Ihr Symboltier sollte nicht nur in Keramik, Blech oder Plüsch existieren, sondern wie ehedem ganz real auf Kaminen und Dächern. Vor gut 40 Jahren entstanden deshalb Auswilderungsgehege, in denen gezielt Störche angesiedelt wurden.

Die dort gezüchteten Jungtiere folgten ihrem Instinkt und flogen im Spätsommer ins Winterquartier bis zu 10 000 Kilometer weit nach Südafrika, wo sie allerdings oftmals zum Jagdobjekt werden. Doch die meisten kamen im Frühjahr zurück. Mehr als die Hälfte der elsässischen Störche bleibt zwischenzeitlich das ganze Jahr über, da bei den Aufzuchtstationen und anderswo auch im Winter genügend Futter vorhanden ist. Mehr als 1000 Storchenpaare leben mittlerweile wieder im Elsass. Ihre Nester haben einen Durchmesser von 1,50 bis zwei Meter, sind bis zu einem Meter hoch und wiegen etwa 300 Kilogramm. Ganz aus der Nähe kann man Störche im Zoo von Mulhouse, im Ecomusée in Ungersheim und am Affenberg bei Kintzheim beobachten.

Inoffizielles Wappentier: der Weißstorch

nem der Eckpunkte des Belchen-Dreiecks aus Grand Ballon, der Belchenflue in der Schweiz und dem Belchen auf der deutschen Seite, eine der vielen, nicht immer sichtbaren Verbindungen in der Regio.

ELSASS EN MINIATURE

Wie ein Elsass „en miniature" wirkt das Ecomusée in Ungersheim, immerhin das größte Freilichtmuseum Frankreichs. Mehr als 80 Gebäude, die früher vorwiegend im südlichen Elsass und im oberelsässischen Sundgau standen, versetzen die Besucher in das bäuerliche Lebensumfeld früherer Zeiten.

Schmiede, Töpferei, Schnapsbrennerei, Bäckerei, eine Schule – alles, was man für seine Erdentage brauchte, ist vorhanden. Schließlich wollen die Ausstellungsmacher nicht nur Häuser zeigen, sondern einen Einblick in einstiges Tun und Lassen vermitteln. Und dazu gehören auch Tiere: Pferde, Schweine, Ziegen, Esel, Gänse, Kühe, Enten und natürlich Störche sind auf dem Gelände heimisch. Die traditionellen Feste des Jahres mit ihren Bräuchen werden alle im Ecomusée gefeiert – Elsass „en miniature" eben.

DIE INDUSTRIELLE METROPOLE

Weniger idyllisch zeigt sich Mulhouse, zweitgrößter Ballungsraum des Elsass.

Mulhouses Aufstieg zur Industriestadt zeichnen die technischen Museen nach, so das Automobil- und das Eisenbahnmuseum (oben links und oben rechts). Rund ums Rathaus zeigt sich Mulhouse von seiner gastlichen Seite (unten links). Ruhe tanken ist in der Grünanlage vor der Société Industrielle de Mulhouse möglich (unten rechts).

Im 19. Jahrhundert entwickelte sich die Industriestadt durch den Bau des Rhein-Rhône-Kanals rasch zu einem wichtigen Zentrum für Maschinenbau, Textil- und Chemieindustrie. An zahlreichen Häusern der Innenstadt lässt sich ablesen, welcher Wohlstand dadurch in das Oberzentrum kam. Heute sind Maschinenbau, Elektrotechnik und die Automobilindustrie prägend im Ballungsraum rund um Mulhouse, wo rund 300 000 Menschen fast aller Nationalitäten leben. Ein Spiegel dieser multikulturellen Gesellschaft ist der Wochenmarkt mit mehr als 300 Händlern, bei denen es dienstags, donnerstags und samstags Genüsse aus aller Welt zu kaufen gibt.
Die Erinnerung an die industrielle Vergangenheit bewahren hochkarätige

MULHOUSE WURDE ENDE DES 18. JAHRHUNDERTS NOCH DIE »STADT DER 100 SCHORNSTEINE« GENANNT.

technische Museen, die es in dieser Ansammlung nirgendwo sonst in Europa gibt. Das bekannteste ist sicherlich das Automobilmuseum, die einstige Sammlung der beiden Brüder Schlumpf. Vergessen sind die Zeiten, als Arbeiter die Textilfabrik Schlumpf besetzten, nachdem ihre Chefs das Firmenkapital ihrer Sammelleidenschaft für alte Autos geopfert hatten und die Fabrik im Textilsterben der 1970-Jahre zugrunde ging. Heute sind die rund 450 Klassiker des Automobilbaus ein kostbarer und anerkannter Kulturschatz.

Wem nach so viel Technik der Sinn nach Ruhe steht, sollte einen Abstecher in den südlich von Mulhouse gelegenen Sundgau machen. Ländlicher geht es kaum. Unglaublich, wie wenig der Tourismus hier hat ausrichten können. Landschaft pur und auf den Tellern die Spezialität der Region an der Route de Carpe frite: Karpfen paniert und in Fett ausgebacken.

Kaffeekultur

FEINER KAFFEEGENUSS

Selbst der schnelle Espresso kann in der richtigen Umgebung zum großen Genussmoment werden. Bei einem Café au lait oder einem Schümli kann man in den wunderschönen Cafés der Region einfach nur sitzen, die Passanten beobachten, sich in ein Buch vertiefen oder in einem intensiven Gespräch versinken.

❶ Kolben Kaffee Freiburg

Man muss aufpassen, dass man den Eingang zum Kolben Kaffee in Freiburg nicht verfehlt, wenn einen die Passanten einfach durch den engen Durchgang neben dem Martinstor hindurchschieben. Man würde nicht nur hervorragende Kaffeespezialitäten verpassen, sondern auch köstliche Torten und Kuchen. Getrunken und gegessen wird im Stehen, im Sommer draußen auch im Sitzen. Ein kleines bisschen Bella Italia neben dem Martinstor.

Kolben Kaffee, Kaiser-Joseph-Straße 233, 79089 Freiburg, www.kolbenkaffee-freiburg.de; Mo.–Sa. 7.30–18.00, So. 10.00–17.00 Uhr

❷ Rainhof Scheune Kirchzarten

Die Kaffees der Freiburger Rösterei Schwarzwild stehen für höchste Qualität. Genau richtig für das gemütliche Bistro in der Rainhof Scheune im Kirchzartener Ortsteil Burg. In der riesigen Scheune kann man viel Zeit verbringen, nicht nur beim Kaffeetrinken – auch im Scheunenladen und im Buchladen, wo man ungestört schmökern kann.

Rainhof Scheune, Höllentalstraße 96, 79199 Kirchzarten-Burg, www.rainhof-scheune.de; Bistro Himmel & Hölle, Di.–Sa. 9.30–18.30, So. 11.30–18.30 Uhr

Rösterei Schwarzwild, Kartäuserstraße 60a, 79102 Freiburg, www.roesterei-schwarzwild.de; Mi.–Fr. 9.00–18.00, Sa. 9.00–13.00 Uhr

❸ Lilien-Café in Sulzburg

Das „L" auf dem Cappuccino ist das Markenzeichen des Lilien-Cafés in Sulzburg. Wer's üppig mag, nimmt ein Stück Schwarzwälder Kirschtorte zum Kaffee. Im Angebot der täglich frisch gebackenen Kuchen sind aber auch Sorten mit weniger Sahne dabei. Im Sommer auf der Terrasse zu sitzen mit Blick über die Blumenbeete hin zu den Weinbergen, das ist wie ein Kurzurlaub.

Lilien-Café in der Staudengärtnerei Gräfin von Zeppelin, Weinstraße 2, 79295 Sulzburg-Laufen, www-graefin-von-zeppelin.de; Mo.–Sa. 9.00–18.00, So. und Fei. 10.00–18.00 Uhr

❹ Confiserie Schiesser in Basel

Ein Buttergipfeli zum Schümli vor sich auf dem Tisch, den Basler Marktplatz und das Rathaus vor dem Fenster – so könnte man stundenlang sitzen und schauen. 1870 hat auch Rudolf Schiesser diese Lage fasziniert. Ein idealer Standort für seine Confiserie. Im historischen Tea-Room im Wiener Kaffeehausstil und im „Rothstübli" aus dem 18. Jahrhundert werden aber nicht nur Kaffees serviert, man kann auch Herzhaftes bekommen.

Confiserie Schiesser, Marktplatz 19, CH-4051 Basel, www.confiserie-schiesser.ch; Mo.–Sa. 9.00–18.00, So. 10.00–18.00 Uhr

5 Bistro Reithalle in Riehen

Wem der Trubel in Basel zu viel geworden ist, wer die Augen nach ausgiebigem Kunstgenuss in der Fondation Beyeler ruhen lassen oder einfach nur ein bisschen Natur genießen will, ist im Bistro Reithalle im barocken Wenkenpark in Riehen genau richtig. Ein Spaziergang durch den Park führt zum Bistro, das nicht nur einen hausgemachten Cheesecake anbietet, sondern auch einfallsreiche Pâtisserien. Sonntags ist Brunch mit ausgefallenem Buffet.

Bistro Reithalle Wenkenhof, Hellring 41, CH-4125 Riehen, www.bistroreithalle.ch; Do.–So. 10.00–17.00 Uhr

6 Au Croissant Doré in Colmar

Ein schmales Jugendstilhaus in Rosa mit einem Grammofon und anderen alten Dingen im rechten Schaufenster und der verführerischen Theke mit Tarte au Citron, Croissants, Macarons und anderen typisch französischen Leckereien im linken Schaufenster – das ist das Croissant Doré in Colmars Rue des Marchands. Der Café au lait wird noch mit einem Kännchen warmer Milch zum Selbstmischen serviert. Parfait! Es gibt einen fantastischen Flammkuchen und weitere elsässische hausgemachte Gerichte. Das Personal ist sehr freundlich. Ein bisschen hat man im Jugendstilambiente dieses Salon de Thé das Gefühl, in eine andere Zeit versetzt zu sein. Ein kleiner Außenbereich ist auchvorhanden.

Au croissant doré, 28 Rue des marchands, F-68000 Colmar, http://au-croissant-dore.edan.io; Di.–So. 8.00–19.00 Uhr

7 Péché Mignon in Kaysersberg

Das Interieur des „Péché Mignon" ist eher schlicht, aber was da in der Theke liegt, ist ganz große Patisserie-Kunst. Ein Croissant, ein Mini-Gugelhupf oder lieber ein Eclair? Alles gut, aber warum nicht dem süßen Laster frönen und sich eines dieser wunderbaren Törtchen gönnen, die an kleine Kunstskulpturen erinnern. Die Spezialität des Hauses ist der „Brie au Kirsch". Dazu gibt es Kaffeespezialitäten in Bioqualität. Auch für salzig eingestellte Gaumen ist der Salon de Thé vorbereitet.

Salon de Thé au Péché Mignon, 67, Rue du Général de Gaulle, 68240 Kaysersberg, Tel. 0033 3 89 47 30 40, tgl. 8.00-18.30 Uhr

8 Café Mozart in Mulhouse

Mitten in Mulhouse, an der Place de la Réunion, liegt das Café Mozart im ersten Obergeschoss eines Geschäftshauses. Durch riesige Glasscheiben schaut man auf das städtische Treiben und die gegenüber liegende Kirche Saint Étienne. Bereits in dritter Generation verwöhnt die Pâtisserie Jacques die Gaumen der Gäste mit feinsten Torten und Gebäck aus handverlesenen Zutaten.

Café Mozart, 25 Place de la Réunion, F-68100 Mulhouse, Tel. 0033 3 89 66 48 48, www.patisserie-jacques.com; Di.–Fr. 8.45 bis 18.30, Mo. ab 11.00, Sa. 8.00–19.00 Uhr

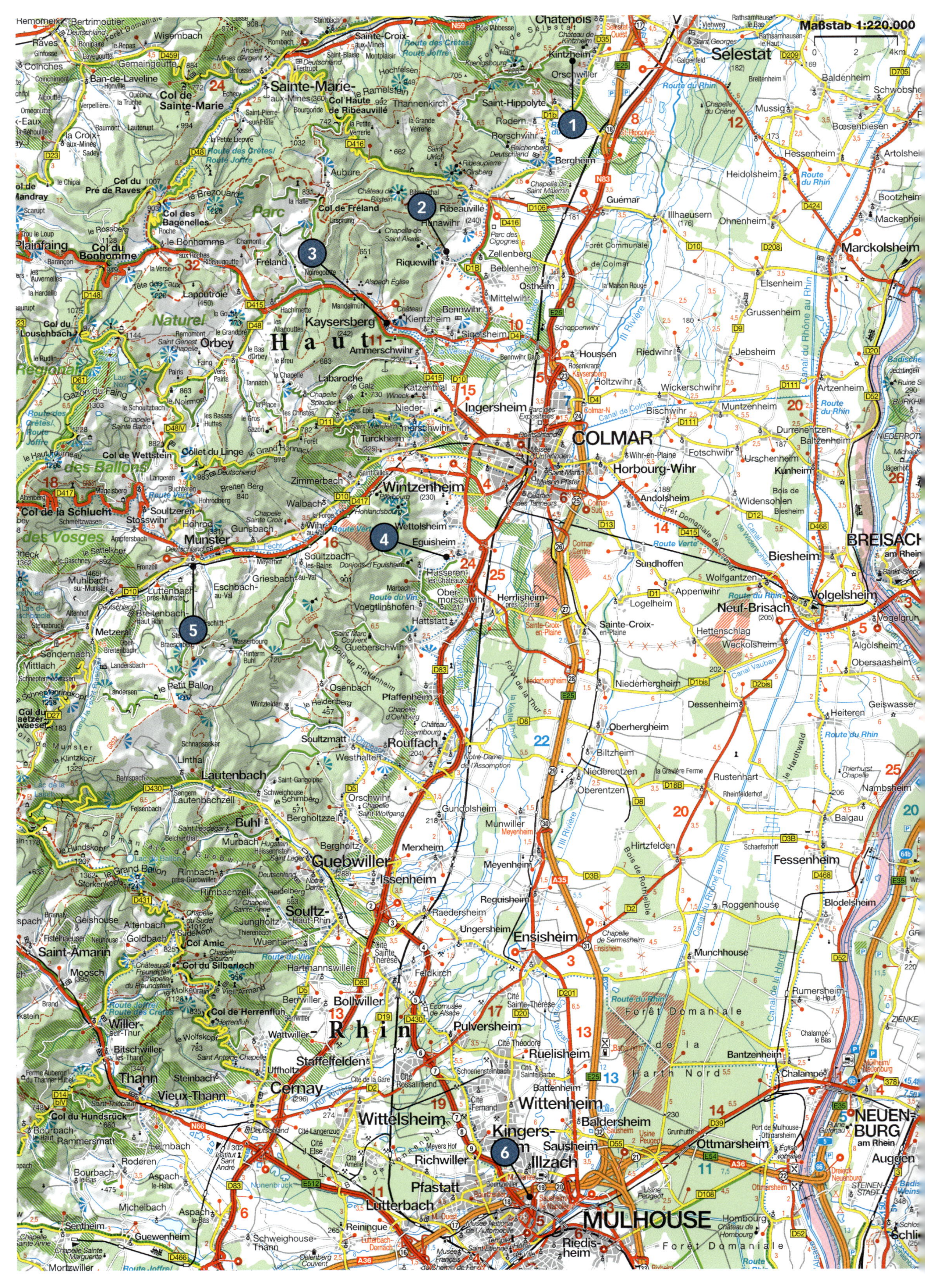

Maßstab 1:220.000
Sélestat
Châtenois
Kintzheim
Orschwiller
Saint-Hippolyte
Rodern
Rorschwihr
Bergheim
Sainte-Marie-aux-Mines
Col de Sainte-Marie
Col Haute de Ribeauvillé
Thannenkirch
Ribeauvillé
Hunawihr
Riquewihr
Zellenberg
Beblenheim
Ostheim
Mittelwihr
Bennwihr
Sigolsheim
Kientzheim
Kaysersberg
Ammerschwihr
Katzenthal
Ingersheim
Turckheim
Wintzenheim
Wettolsheim
Eguisheim
Husseren-les-Châteaux
Obermorschwihr
Herrlisheim-près-Colmar
Hattstatt
Gueberschwihr
Pfaffenheim
Rouffach
Westhalten
Soultzmatt
Orschwihr
Bergholtzzell
Bergholtz
Guebwiller
Issenheim
Soultz-Haut-Rhin
Merxheim
Raedersheim
Ensisheim
Bollwiller
Pulversheim
Staffelfelden
Cernay
Wittelsheim
Wittenheim
Kingersheim
Richwiller
Pfastatt
Lutterbach
Illzach
Sausheim
Riedisheim
MULHOUSE
Ottmarsheim
Baldersheim
Battenheim
Ruelisheim
Thann
Vieux-Thann
Steinbach
Uffholtz
Wattwiller
Berrwiller
Hartmannswiller
Willer-sur-Thur
Bitschwiller-lès-Thann
Moosch
Saint-Amarin
Col du Hundsruck
Rammersmatt
Bourbach-le-Haut
Roderen
Aspach-le-Haut
Michelbach
Aspach-le-Bas
Guewenheim
Schweighouse-Thann
Reiningue
Grand Ballon
Col Amic
Col du Silberloch
Col de Herrenfluh
Buhl
Lautenbach
Lautenbachzell
Linthal
Munster
Stosswihr
Soultzeren
Col de la Schlucht
Luttenbach-près-Munster
Breitenbach
Metzeral
Mittlach
Sondernach
Le Petit Ballon
Eschbach-au-Val
Griesbach-au-Val
Soultzbach-les-Bains
Walbach
Zimmerbach
Col du Linge
Col de Wettstein
Orbey
Lapoutroie
Le Bonhomme
Col du Bonhomme
Plainfaing
Fréland
Aubure
Col de Fréland
Col des Bagenelles
Col du Pré de Raves
Labaroche
COLMAR
Horbourg-Wihr
Andolsheim
Sundhoffen
Houssen
Holtzwihr
Wickerschwihr
Bischwihr
Muntzenheim
Fortschwihr
Urschenheim
Durrenentzen
Kunheim
Widensolen
Biesheim
Wolfgantzen
Appenwihr
Logelheim
Neuf-Brisach
Volgelsheim
BREISACH
Sainte-Croix-en-Plaine
Niederhergheim
Oberhergheim
Dessenheim
Weckolsheim
Heiteren
Biltzheim
Niederentzen
Oberentzen
Rustenhart
Hirtzfelden
Fessenheim
Balgau
Nambsheim
Roggenhouse
Blodelsheim
Munchhouse
Rumersheim-le-Haut
Bantzenheim
Chalampé
NEUENBURG am Rhein
Auggen
Réguisheim
Meyenheim
Munwiller
Ungersheim
Gundolsheim
Illhaeusern
Guémar
Ohnenheim
Elsenheim
Grussenheim
Jebsheim
Riedwihr
Marckolsheim
Artzenheim
Heidolsheim
Hessenheim
Mussig
Baldenheim
Schwobsheim
Bœsenbiesen
Artolsheim
Bootzheim
Mackenheim
Forêt Domaniale de la Harth Nord
Haut - Rhin
Route du Rhin
Route des Vins
Route des Crêtes
Parc Naturel Régional des Ballons des Vosges
Canal du Rhône au Rhin

ANHEIMELND UND PITTORESK

Das Elsass ist 190 Kilometer lang und 50 Kilometer breit. Mittendrin liegt Colmar, Ausgangspunkt für Ausflüge in romantische Weindörfer, für Wanderungen in den nahen Vogesen oder für die Erkundung großer und kleiner Museen. Mit Mulhouse hat das Elsass im Süden auch einen wichtigen Industriestandort, der seinen Besuchern großartige technische Museen zu bieten hat. Aber auch Kunstliebhaber kommen an dieser Stadt nicht vorbei.

1 Kintzheim

Das Örtchen (1600 Einw.) lebt vom Weinbau. 1270 wurde die gleichnamige Burg erstmals genannt, heute nur mehr Ruine, zu deren Füßen sich der Fachwerkort ausbreitet.

SEHENSWERT
Bei den Flugvorführungen auf dem **Château de Kintzheim** ziehen Adler, Schwarzmilane, Falken, Geier, Andenkondor und viele weitere Greifvogelarten ihre Kreise (www.voleriedesaigles.com; Flugvorführungen Juli/Aug. tgl. 10.45, 13.30, 15.00, 16.30, April–Juni, Sept./Okt. tgl. 13.30, 15.00, 16.30 Uhr).

UMGEBUNG
Die **Haut-Kœnigsbourg** hat ihren Ursprung im 12. Jh. Während des Dreißigjährigen Krieges wurde der Wehrbau von schwedischen Truppen niedergebrannt. 1899 schenkte die Stadt Schlettstadt die Ruine Kaiser Wilhelm II., der sie im Stil einer mittelalterlichen Festung wieder aufbauen ließ. Seit 1919 ist die Burg wieder in französischem Besitz. Zwischen 2010 und 2013 wurden rund 11 Mio. Euro für die Sanierung der denkmalgeschützten Burganlage investiert (www.haut-koenigsbourg.fr; Juni–Aug. tgl. 9.15–18.45, März und Okt. tgl. 9.30–17.45, Nov.–Feb. tgl. 9.30–12.00 und 13.15–17.15, April, Mai, Sept. 9.15–18.00, Mo. ganzjährig ab 10.30 Uhr; empfehlenswert ist eine Vorabinfo zur Burggeschichte auf der Homepage, auch auf Deutsch).
Am Fuß des Burgbergs leben 280 Berberaffen auf einem 24 ha großen Gelände, dem **Montagne des Singes** oder Affenberg. (www.montagnedessinges.com; Aug. tgl. 9.30–18.00, Mai, Juni, Juli tgl. 10.00–18.00, April, Sept. tgl. 10.00–17.30, Okt. 10.00–17.00Uhr).

Vielerorts prägt der Weinbau die Landschaft. Fachwerk ziert jedes Dorf, auch Turckheim.

Tipp

Wein und Käse

Was ist nicht alles am Rand elsässischer Straßen zu kaufen? Selbstverständlich Störche, das Symboltier der Region, in Plüsch oder aufgedruckt auf Handtücher, Schürzen und anderes. Interessanter sind aber die kulinarischen Angebote. Entlang der 170 km langen Elsässischen Weinstraße kann man eine Weinprobe nach der anderen machen. Da man direkt beim Erzeuger kauft, ist wenig falsch zu machen, und man erfährt hier mehr über Weinbau und den jeweiligen Wein als in einem Geschäft. Wem das nicht reicht, der hat noch 26 Weinlehrpfade zur Auswahl. Zwischen Colmar und Munster wird häufig Munsterkäse angeboten. Nicht jeder mag den Geruch dieses Weichkäses, aber sachkundig gereifter Munster schmeckt mild und ist, mit Kümmel, Pellkartoffeln und Gewürztraminer genossen, ein Gedicht.

2 Riquewihr

Das Stadtbild Riquewihrs (1100 Einw.), umgeben von Wehranlagen, ist seit dem Mittelalter unverändert. Neben dem Tourismus ist der Weinbau der Hauptwirtschaftsfaktor des Ortes. Die bereits im 6. Jh. gegründete Siedlung gehörte als Reichenweier ab 1324 den Württembergern, bevor sie im Jahr 1796 französisch wurde.

SEHENSWERT
Prachtvolle **Bauten** des 16. und 17. Jhs., großzügige **Höfe** mit imposanten Einfahrten und schöne **Brunnen** säumen die romantischen Gassen.

MUSEUM
Das **Musée Hansi Riquewihr** erinnert an den unter seinem Pseudonym Hansi bekannten Grafiker, karikierenden Zeichner und Heimatforscher Jean-Jacques Waltz (1873–1951; 16, Rue du Général de Gaulle; Feb.–Mai tgl. 10.00 bis 12.30 und 13.30–18.30, Juni–Dez. Di.–So. 9.30–12.30 und 13.30–18.30 Uhr).

UMGEBUNG
Das von drei mittelalterlichen Burgruinen überragte **Ribeauvillé** (4700 Einw.; nördl.) besitzt ein interessantes altes Ortsbild – und ist darüber hinaus für den **Pfifferdaj** bekannt; der Pfeifertag am 1. September-Sonntag, ein Fest der Stadtmusikanten, erinnert an die Spielleute und Gaukler des Mittelalters.

INFORMATION
Office de tourisme du Pays de Ribeauvillé-Riquewihr, 2, Rue de la 1ère Armée, F-68340 Riquewihr, Tel. 0033 (0)389 73 23 23, www.ribeauville-riquewihr.com

3 Kaysersberg

Der idyllische Ort (2500 Einw.) gehört zu den vorrangigen Besucherzielen an der Elsässer Weinstraße. Die Burg ließ Friedrich II. im 12. Jh. bauen. Im Dreißigjährigen Krieg wurde sie zerstört, doch blieb der Bergfried so eindrucksvoll, dass er bis heute das Ortsbild beherrscht.

SEHENSWERT
Von der Burgruine aus hat man einen schönen **Blick** über die Stadt mit ihren Bürgerhäusern aus Gotik und Renaissance sowie den Resten der Stadtbefestigungen. Mit einem Audio-Führer kann man das Städtchen in etwas mehr als einer Stunde erkunden, u.a. auch die **Kirche Ste-Croix** mit eindrucksvollem Kruzifix (um 1500) und einem geschnitzten Altar von 1518.

MUSEUM
Dem Leben und Wirken des hier geborenen Missionsarztes **Albert Schweitzer** (1875 bis 1965) ist ein kleines Museum gewidmet, das im August 2023 nach umfassendem Umbau wieder eröffnet wurde (126, Rue du Général de Gaulle; Feb.–Dez. Mi.–Mo. 10.00–13.00 und 14.00–18.00 Uhr)

INFORMATION
Office du Tourisme de la Vallée de Kaysersberg, 39, Rue du Général de Gaulle, F-68240 Kaysersberg, Tel. 0033 (0) 389 78 22 78, www.kaysersberg.com

4 Eguisheim

Das Winzerstädtchen (1700 Einw.) ist wegen seines malerischen Ortsbildes beliebt und von hervorragenden Weinlagen umgeben. Stolz ist man hier auf den üppigen Blumenschmuck, für den die Stadt mehrfach ausgezeichnet wurde.

SEHENSWERT
Eguisheim hat sich mit seinen **Fachwerkbauten** und ehemaligen Zehnthöfen ringförmig um eine Wasserburg aus dem 8. Jh. entwickelt. Ein Teil der achteckigen **Burgmauer** ist noch zu sehen. Ein Rundweg führt über den ehemaligen **Wehrgang** der Stadtmauer.

VERANSTALTUNGEN
Am letzten Aug.-Wochenende steigt das **Eguisheimer Weinfest** TOPZIEL. Es zählt mit Folkloreumzügen und vielen Veranstaltungen rund um den Wein zu den bedeutendsten Weinfesten des Elsass. Die Weinlagen präsentiert der Weinlehrpfad; es gibt auch **Führungen** (Mitte Mai–Mitte Aug. Sa. 15.30 Uhr, im Juli und Aug. auch Di.; Treffpunkt Campingplatz).
In der Adventszeit öffnen die Buden eines elsässischen **Weihnachtsmarktes** (Place du Marché aux Saules und Place Monseigneur Stumpf; So.–Fr. 9.00–19.00, Sa. 9.00–20.00 Uhr).

Das Ecomusée bei Ungersheim ist eines der größten Freilichtmuseen Frankreichs. Man kann dort leicht einen ganzen Tag verbringen.

HOTEL
€ € € € Château d'Isenbourg: Gut 10 km südl. von Eguisheim empfängt das Schlosshotel in herrschaftlicher Lage (9–11, Rue de Pfaffenheim, F-68250 Rouffach, Tel. 0033 (0)389 78 58 50, www.grandesetapes.com).

UMGEBUNG
Das für seine Weinlage Brand weithin bekannte **Turckheim** hat auch ein besuchenswertes Stadtbild. Das historische Zentrum umgibt noch die Stadtbefestigung aus dem 14. Jh. Hinter der Porte de France, dem früheren Haupttor, liegt der ehem. Marktplatz, die place Turenne. Als schönstes Haus am Platz gilt das Gasthaus „Zu den Zwei Schlüsseln" (Deux Clefs, 16. Jh.). Von Mai bis Okt. zieht um 22.00 Uhr ein Nachtwächter mit Hellebarde, Laterne, Horn und Gesang durch die Gassen.

INFORMATION
Office du Tourisme du Pays d'Eguisheim et Rouffach, 22A, Grand'Rue, F-68420 Eguisheim, Tel. 0033 (0)389 23 40 33, www.tourisme-eguisheim-rouffach.com

5 Munster

In Hügel und Berge eingebettet, liegt Munster auf dem Weg zum Col de la Schlucht. Nach der Elsässischen Weinstraße zieht das Munstertal die meisten Touristen an. Es lässt sich hier deutlich ruhiger wandern und Ski fahren als im Schwarzwald oder in den Alpen. Bekannt ist das Tal auch für den gleichnamigen Weichkäse, den Mönche der früheren Abtei entwickelt haben und der heute aber zu rund 90 Prozent in Lothringen hergestellt wird.

UMGEBUNG
Vom Munstertal über die Route des Crêtes zum **Grand Ballon**: Schon die Fahrt ist ein Erlebnis. In der Nähe des Grand Ballon (1424 m) beginnen zahlreiche gut ausgeschilderte Wanderwege, beispielsweise am Parkplatz Belchen-Hof. Die Aussicht während der Wanderung zeigt die ganze Schönheit der Vogesen, des Schwarzwalds und der Alpen.

INFORMATION
Office de Tourisme de la Vallée de Munster, 1, Rue de Couvent, F-68140 Munster, Tel. 0033 (0)389 77 31 80, www.vallee-munster.eu

6 Mulhouse

Es gibt schönere Städte im Elsass, aber wer sich für technische Museen interessiert, kommt an Mulhouse nicht vorbei. Der industrielle Aufschwung begann 1746 mit der Gründung einer Textilmanufaktur. Heute ist die zweitgrößte elsässische Stadt die industrielle Metropole der Region (109 000 Einw.).

MUSEEN
Unbestrittener Star unter den Museen ist das Nationale Automobilmuseum **Cité de l'Automobile**, die Sammlung Schlumpf. Im Gebäude einer Kammgarnspinnerei von 1880 reihen sich Glanzstücke der Automobilgeschichte (17, Rue de la Mertzau, www.musee-automobile.fr; April–Okt. tgl. 10.00–18.00 Uhr, sonst kürzer; empfehlenswert ist die App SAM Sud Alsace Museums, die Rundgänge in zwölf Museen des Elsass begleitet).
Das Eisenbahnmuseum **Cité du Train** hat eine der umfangreichsten Zugsammlungen Europas. Nähert man sich den Zügen, erwacht Leben in ihnen. An Fernsehstationen erfahren die Besucher viel über die Entstehungszeit der Züge (2, Rue Alfred de Glehn, www.citedutrain.com; April–Okt. tgl. 10.00–18.00 Uhr, sonst kürzer; empfehlenswert für einen Rundgang ist die App SAM Sud Alsace Museums).
Beim Eisenbahnmuseum findet sich das Elektrizitätsmuseum **Musée EDF Electropolis**, das die Geschichte der Elektrizität von der Antike bis zur Gegenwart veranschaulicht (55, Rue du Paturage, www.musee-electropolis.fr; Feb. bis Dez. Di.–So. 10.00–18.00 Uhr).

NACH DER ELSÄSSISCHEN WEINSTRASSE ZIEHT DAS MUNSTERTAL DIE MEISTEN TOURISTEN AN.

Im Stoffdruckmuseum **Musée de l'Impression sur Étoffes** erinnert Mulhouse an seine Vergangenheit als Zentrum der Textilindustrie (14, Rue Jean-Jacques Henner, www.musee-impression.com; Mi.–So. 13.00–18.00 Uhr). In der Innenstadt ist die Place de la Réunion sehenswert, wo auch das ehem. Rathaus (1522) mit seinen schönen Wandmalereien zu finden ist. In ihm ist das **Musée Historique** untergebracht (Place de la Réunion; Mi.–Mo. 13.00–18.30, Juli, Aug. auch 10.00–12.00, während des Weihnachtsmarktes bis 19.00 Uhr). Das **Musée des Beaux Arts** in der 1788 errichteten Villa Steinbach zeigt Kunstwerke vom Spätmittelalter bis ins 20. Jh. (4, Place Guillaume Tell; Mi.–Mo. 13.00–18.30, Juli und Aug. auch 10.00–12.00, während des Weihnachtsmarktes bis 19.00 Uhr).
Moderne Kunst zeigt **La Kunsthalle** in einem umgewidmeten Industriebau (16, Rue de la Fonderie, www.kunsthallemulhouse.com; Mi.–Fr. 12.00–18.00, Sa./So. 14.00–18.00 Uhr).

VERANSTALTUNGEN

Der Wochenmarkt **Marché du Canal Couvert** ist ein Treffpunkt der Kulturen (26, Quai de la Cloche, www.marchedemulhouse.com; Di., Do. und Sa. 6.00–17.00 Uhr). Im Aug. kommen Jazzfreunde beim **Météo Mulhouse Music Festival** auf ihre Kosten. Im Dez. lockt der **Weihnachtsmarkt** in Mulhouse.

UMGEBUNG

Das **Ecomusée d' Alsace** TOPZIEL südl. Ungersheim (Anfahrt von Mulhouse über D 430, Ausfahrt Nr. 5) beherbergt auf 150 ha mehr als 80 traditionelle Bauernhäuser und Wirtschaftsgebäude, die hier wieder aufgebaut wurden und teils bewohnt sind. Handwerker zeigen alte Techniken, Tiere bereichern den Eindruck vom ländlichen Leben (www.ecomusee-alsace.fr; April-Anf. Nov. und 1. Advent bis Anf. Jan. Di. bis So. 10.00–18.00 Uhr).
Bei **Ensisheim** finden sich keltische Siedlungsspuren. 1135–1648 diente es als „Hauptstadt" des habsburgischen Vorderösterreichs. Ein „Donnerschlag" war 1492 der Einschlag eines 130 kg schweren Meteoriten. Die Altstadt lädt zum Bummeln ein. Der einstige österreichische Renaissance-Verwaltungssitz (1547) ist heute Rathaus und Ortsmuseum (Place de l'Église; Mai–Sept. Mo., Mi.–Fr. 10.00–12.00 und 14.00 bis 17.30, Sa./So. 14.00–17.30, sonst Mo., Mi., Do., Fr. sowie 1. und 3. Samstag 14.00–17.30, Mi. auch 10.00-12.00 Uhr).
In **Husseren-Wesserling** (erreichbar von Mulhouse über die RN 66, Rtg. Epinal, 35 km entfernt) findet sich der Parc de Wesserling, ein Gebäudeensemble aus der Blütezeit der Textilindustrie mit Textilmuseum und hübsch angelegten Gärten (www.parc-wesserling.fr; Juni bis Mitte Okt. tgl. 10.00–18.00, Dez. 14.00–17.30, Mitte April–Mai Mi.–Mo. 13.00–17.00 Uhr).

INFORMATION

Office de Tourisme et des Congrès,
1, Avenue Robert Schuman, F-68100
Mulhouse, Tel. 0033 (0)389 35 48 48,
www.tourisme-mulhouse.com

AUF DEN SPUREN DES WEINS

Elsass und Wein gehören untrennbar zusammen. Riesling, Silvaner, Muscat, Gewürztraminer, Edelzwicker, Pinot blanc, gris oder noir – die Getränkekarten in der „Winstub" und im Restaurant sind voller Genüsse. Fast in jedem Ort laden Weinlehrpfade zu einem Spaziergang ein.

Seit 1975 dürfen sich die großen Gewächse des Elsass mit der Bezeichnung „Alsace Grand Cru" schmücken. 51 Einzellagen mit den Rebsorten Riesling, Gewürztraminer, Pinot Gris und Muscat tragen diese hohe Auszeichnung.

Sieben dieser großen Lagen verbindet der Weinlehrpfad „Sentier Viticole des Grands Crus". Der Weg führt durch die Weinberge der Gemeinden Riquewihr, Bennwihr, Mittelwihr, Beblenheim, Zellenberg und Hunawihr. Natürlich kann man auch um jeden Ort eine kleine Schleife von etwa einer Stunde ziehen und erfährt Wissenswertes über Traubensorten und die Arbeit im Weinberg. Meist trifft man einen Winzer an und kann ihm über die Schulter schauen – die Arbeit im Weinberg ruht nur während der Winterwochen. Von Juli bis Anfang September startet täglich eine geführte Besichtigung der Weinberge, natürlich mit Verkostung. Während der anschließenden Erntezeit sollten Touristen allerdings den Rebhängen fern bleiben.

Von viel Sonne verwöhnte Trauben sind die Grundlage jedes guten Weines.

Wanderstrecke: 17 km
Informationen zum Weinlehrpfad „Sentier Viticole de Grands Crus" bei den Verkehrsbüros in Ribeauvillé und Riquewihr (Office de tourisme Pays de Ribeauvillé-Riquewihr, 2, Rue de la 1ère Armée, F-68340 Riquewihr, Tel. 0033 (0)389 73 23 23, www.ribeauville-riquewihr.com)
Alle Weinlehrpfade im Elsass unter: www.weinstrasse.alsace/spaziergange-und-weinlehrpfade
Ein Cabriobus fährt im Sommer die schönsten Orte der elsässischen Weinstraße von Colmar aus an (www.kutzig.fr; April, Mai, Juni, Okt. Fr.–So. und Fei., Juli, Aug., Sept. Di.–So. und Fei.).

RESTAURANT

Basel

*

METROPOLE AM RHEIN

*

Basel ist eine Stadt, die schnell die Herzen ihrer Besucher gewinnt, obwohl oder gerade weil sie so gegensätzlich ist. Schmale Gassen mit schönen kleinen Häusern stehen hochmodernen Bauten gegenüber, in denen Firmen und Banken zum Wohlstand beitragen.

In Basel, Schnittpunkt von Schweiz, Frankreich und Deutschland, herrscht eine weltoffene und gelöste Stimmung.

Wo der Rhein nach Norden abbiegt, breitet sich heute die drittgrößte Stadt der Schweiz aus. Neben der Schifflände zelebriert seit 1681 das Grandhotel „Les Trois Rois" Spitzenhotellerie.

Die Rheinpromenade gibt den Blick auf das Münster frei, das Wahrzeichen von Basel.

Geruhsamer Fährverkehr von Ufer zu Ufer

BASEL UND DER RHEIN GEHÖREN ZUSAMMEN WIE PARIS UND DER EIFFELTURM – SO SAGT MAN.

Basel liegt mitten im Dreiländereck Frankreich, Deutschland und Schweiz und damit – und das nicht im eigenen Verständnis – im Herzen Europas. Gern und intensiv blickt man hier über die Grenzen des eigenen Landes hinaus. Französisch, Deutsch, Italienisch, Schwyzerdütsch – in den Gassen der drittgrößten eidgenössischen Stadt stellt sich schnell das Gefühl ein, den Baslern gingen alle diese vielen Sprachen gleich flüssig über die Lippen. Weltoffen präsentiert sich die einstige fürstbischöfliche Residenz am Rheinknie, die eine der am besten erhaltenen Altstädte in ganz Europa besitzt und zugleich Aufsehen erregende Bauten international hochkarätiger Architekten der Gegenwart wie Richard Meier, Frank O. Gehry und Mario Botta.

Einen spektakulären Bau haben die Basler allerdings abgelehnt. Die irakstämmige Stararchitektin Zaha Hadid sollte ein neues Stadt-Casino am Barfüßerplatz bauen – kaum ein Entwurf hat die Basler Bürgerschaft derart stark polarisiert. Bei einer Volksabstimmung in bester Schweizer Tradition sagten sie dann ein klares Nein zu dem Neubau, der den bestehenden Musiksaal im jetzigen Stadt-Casino integriert hätte. Dieser zählt wegen seiner einzigartigen Akustik zu den hochgeschätzten Konzertsälen der Welt.

Münster und Rathaus zählen zu den bekanntesten Sehenswürdigkeiten der Stadt. Der Kreuzgang und die beiden filigranen Türme gehören zum Münster (oben und unten rechts), der rote Figurenschmuck zum Rathaus (unten links).

Der Basler Morgenstraich macht auch vor den Hallen des Rathauses nicht halt.

WARUM HIER DER RUBEL ROLLT

Auch wenn der Name an eine Spielbank erinnert, das Stadt-Casino ist Basels Kultur- und Gesellschaftshaus. Und auch wenn im Casino Roulette und Black Jack Fremdworte sind, Geld spielt natürlich dennoch eine Rolle – in der Schweiz und in Basel nicht nur wegen zahlreicher Banken wie der Bank für Internationalen Zahlungsausgleich, der Zentralbank der Zentralbanken sozusagen. Schließlich sind in der nördlichsten Stadt der Eidgenossenschaft die meisten pharmazeutischen und chemischen Unternehmen Europas vertreten. Sie machen Basel zur erfolgreichsten schweizerischen Wirtschaftsregion und stellen im „Bio-Valley“ grenzüberschreitend rund 300 000 Arbeitsplätze bereit. So wundert es nicht, dass man zahlreiche Fabrikkomplexe passieren muss, bis man endlich in den historischen Teil Basels gelangt.

BASEL FÜR GENIESSER

„Wir haben keinen See und keine Berge, aber alles cha mer net ha“, hört man oft in Basel. Bei allen Superlativen, die die Stadt zu bieten hat, gehört ein gewisses Understatement zur Grundhaltung der Menschen, die dort leben. Darüber hinaus hat das Schwyzerdütsche seinen eigenen Charme, und manche Kritik klingt in diesem Idiom wesentlich freundlicher als im Hochdeutschen. Die

Der Schweizer Künstler Jean Tinguely ist für seine maschinenartigen Skulpturen berühmt.

In den Gassen und Straßen der Altstadt entfaltet sich das Basler Nachtleben.

1994 gestaltete Mario Botta das USB-Bankgebäude am Aeschenplatz.

Durch eine Skulptur von Niki de Saint Phalle gelangt der Besucher in das Museum Tinguely. Die Künstlerin war mit Jean Tinguely verheiratet.

EINKAUFEN KANN MAN IN BASEL SCHLICHTWEG ALLES, VON DEN FEINSTEN PRALINEN BIS ZUR KOLLEKTION JUNGER DESIGNER.

Basler gehen auch nicht shoppen, sie sagen „Lädli go", wenn sie zum Einkaufsbummel in die Gassen der Altstadt aufbrechen. Und dabei kann es durchaus sein, dass sie die chicsten Boutiquen und teuersten Juweliere der Stadt ansteuern. Einkaufen kann man in Basel schlichtweg alles, von den feinsten Pralinen bis zu ausgefallener Kleidung junger Basler Designer. Täglich außer an Sonntagen stehen vormittags auf dem Marktplatz vor dem imposanten Rathaus bunte Marktstände mit Obst, Gemüse, Blumen, Käse, Brot und vielen weiteren Spezialitäten.

An einem Fensterplatz im traditionsreichen 1870 eröffneten „Caféhaus Schiesser" lässt sich das Kommen und Gehen, das Verhandeln und Diskutieren auf dem Marktplatz genüsslich beobachten. Die zarten Hörnchen, die hier Gipfeli genannt werden, und der wunderbare Kaffee ziehen Schüler und Studenten ebenso an wie Geschäftsleute und Touristen, die sich eine kurze Pause gönnen.

LEBEN MIT DEM GROSSEN FLUSS

Pausen verbringen die Basler bei gutem Wetter auch gern am Rhein, dem inoffiziellen Wahrzeichen der Stadt. Einerseits ist der Fluss wichtiger Transportweg, andererseits schönes Freizeitgebiet für die Städter, ob für den Spaziergang an der Rheinpromenade oder gar für ein Bad im Fluss. Auf der Promenade hält mancher Spaziergänger den Atem an, wenn die Frachtschiffe eine der Brücken passieren, was nur mit Konzentration ohne Blessuren gelingt. Sie haben den Hafen von Basel zum Ziel oder kommen von dort, dem Dreh- und Angelpunkt der Schweizer Rohstoffversorgung und dem drittgrößtem Binnenhafen am Rhein.

Wer lediglich von Großbasel nach Kleinbasel will (oder umgekehrt) und etwas Zeit hat, kann sich von einer der vier Rheinfähren übersetzen lassen, die an Stahlseilen über den Fluss geführt werden. Sie sind seit Mitte des 19. Jahrhunderts zuverlässig im Einsatz. Wer festen Boden unter den Füßen bevorzugt, hat verschiedene Brücken für die Rheinüberquerung zur Auswahl.

Die Mittlere Brücke markiert einen der ältesten Übergänge über den Fluss. Die jetzige Brücke wurde allerdings erst Anfang des 20. Jahrhunderts gebaut. Auf ihrer Mitte steht immer noch das Käppelijoch, an dem im späten Mittelalter Todesurteile vollstreckt wurden. Auf der Großbaseler Seite findet sich ein Juwel unter den Schweizer Hotels: Im „Les Trois Rois" haben schon Kaiser Napoleon, Goethe und die Rolling Stones genächtigt.

Um 1855 wurde die Orangerie für die exotischen Pflanzen des Merianparks errichtet. Sie ist ein architektonisches Schmuckstück im Bauerngarten i
n Unter-Brüglingen, in dem allein 14 verschiedene Sorten Rhabarber wachsen.

Der Klangteppich der „Pfiffer" versetzt das sonst so nüchterne Basel in Fastnachtstaumel.

Rodins „Bürger von Calais" stehen vor dem Kunstmuseum.

Und noch mehr Tinguely in der Schweizer Kunsthauptstadt: der Fasnachtsbrunnen vor dem Basler Stadttheater

Fasnacht

Special

Basel im Ausnahmezustand

Der Morgenstraich, einst militärisches Trommelsignal zum Sammeln der Truppen, ist seit 1833 Auftakt der Basler Fasnacht, die 2017 zum Weltkulturerbe erklärt wurde. Am Montag nach Aschermittwoch erlöschen um 4.00 Uhr früh alle Lichter in der Stadt. Gespenstisch ist der Moment der absoluten Stille und Dunkelheit, bis sich kurz darauf trommelnde und Piccoloflöte spielende Gruppen in Gang setzen. Sie begleiten die rund 200 Laternenträger bei ihrem Zug durch die Altstadtgassen. Auf den Laternen sind die Geschehnisse des vergangenen Jahres persifliert, über die man sich in Basel lustig macht.

Diese Laternen sind für Nicht-Basler genauso schwer zu verstehen wie die Schnitzelbankgruppen, die am Montag- und Mittwochabend durch rund 30 Lokale ziehen und ihre Schnitzelbängge vortragen, in denen mit Worten das lustige und absurde

Die bunten Laternen der Basler Fasnacht

Geschehen des zurückliegenden Jahres auf die Schippe genommen wird. Wer sich aber von der Festfreude anstecken lässt und die schrägen Guggemusiken genießt, ist hier richtig.

Ein Highlight sind auch die Umzüge an Montag und Mittwoch mit ihrer Mischung aus Lebensfreude und Melancholie, aus Totentanz und Mummenschanz. Pappnasen und Narrenkappen sind allerdings fehl am Platze.

SCHWEIZER KUNSTHAUPTSTADT

Um nach Basel zu reisen, kann man natürlich ganz einfach sein Auto nehmen oder den Flieger, aber die Internationalität der Stadt zeigt sich auch an ihren drei Bahnhöfen im Herzen der Stadt: Der Badische Bahnhof wird für die aus Deutschland kommenden Züge genutzt, der Bahnhof SNCF für die Ankunft aus Frankreich, und direkt daneben dient der Schweizer Bahnhof SBB für alle Gäste aus der Schweiz.

Gründe, Basel einen Besuch abzustatten, gibt es also viele. Ein besonders häufiges Motiv für einen Basel-Trip ist ganz sicher das reiche kulturelle Angebot der Stadt. Rund 40 Museen – private Galerien einmal gar nicht eingerechnet – warten auf Besucher, von Raritäten wie dem Musikmuseum im ehemaligen Gefängnis oder dem kleinen Cartoonmuseum über das renommierte Kunstmuseum aus dem Jahr 1661, der ältesten öffentlichen Kunstsammlung der Welt, bis zum topmodernen HeK, dem Haus der elektronischen Künste.

Die Kunst spielt in der Kulturhauptstadt der Schweiz eben eine große Rolle, und das nicht nur im Frühsommer, wenn die Art Basel Kunstkenner aus der ganzen Welt anzieht und sich die Baseler einmal mehr genüsslich ihrer Internationalität bewusst werden.

Wasserparadiese

ERHOLSAME PLÄTZE AM WASSER

Aufs Wasser zu schauen beruhigt, auch wenn das kühle Nass Wellen schlägt oder durch ein Flussbett rauscht. Es muss ja nicht immer gleich der Blick aufs Meer sein. Schon einen der originellen Brunnen in der Region zu beobachten oder sich an einen der Seen zu setzen, holt die Ruhe in den Reisealltag zurück.

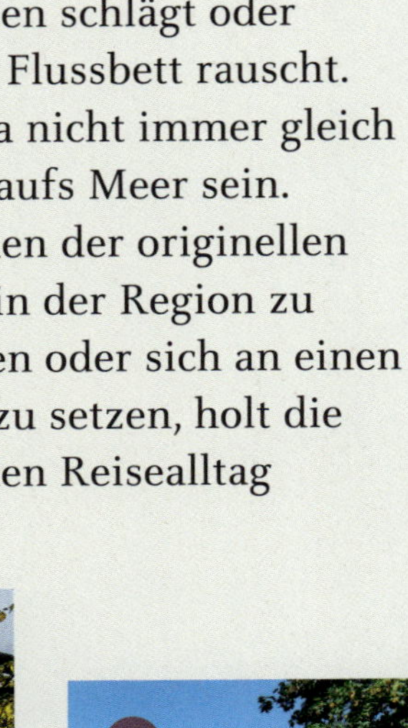

4

7

1

1 Dreisamufer in Freiburg

Wer an der Kronenbrücke Richtung Dreisam abtaucht, kann sich entweder gleich ins Café Extrablatt setzen und aufs Wasser schauen oder geht weiter Richtung Schwabentorbrücke und lässt sich auf einer der Sitzbänke oder einfach auf der Wiese nieder. Im Sommer sind die Steine in der Dreisam besonders beliebt, um die Füße zu kühlen. Je nach Wasserstand plätschert der 29 Kilometer lange Fluss mal gemächlich dahin oder rauscht an einem vorbei. Letzteres machen allerdings manchmal auch Radfahrer.

2 Opfinger Seen bei Freiburg

Kurz nachdem 2014 zum letzten Mal Bagger Kies aus dem großen Opfinger See holten, legte das Forstamt am Südufer Grillstellen, einen Beachvolleyballplatz, Slackline-Pfähle und eine Liegewiese an. Fertig war der Badesee. Der große „Opfinger" ist aber auch Teil des Landschaftsschutzgebiets Mooswald mit einer Biotopschutzzone im nördlichen Seeteil. Wer den See umwandert, kann von einer Plattform aus die geschützten Tiere beobachten. In der Nachbarschaft liegt der deutlich ruhigere kleine Opfinger See.

Anfahrt: Von der A5 Anschlussstelle Freiburg-Mitte über den Zubringer Richtung Freiburg. An der Abfahrt Haid Richtung Rieselfeld, dann rechts Richtung Opfingen.

3 Feldsee am Feldberg

Meist ist der Wasserspiegel so glatt, dass sich die steilen Felswände des Feldbergs darin spiegeln. 32 Meter tief ist dieses fast kreisrunde Becken, das von Gletschern ausgehöhlt wurde und heute den Feldsee bildet. Nach Osten und Norden schließt sich ein Bannwald an, in dem die Natur seit Jahrzehnten macht, was sie will. Um das seltene Brachsenkraut zu schützen, ist Baden im See verboten. Um an diesen märchenhaften Platz zu gelangen, muss man einen Fußweg in Kauf nehmen.

Vom Wanderparkplatz Kunzenmoos in Feldberg-Bärental führt ein Wanderweg zum See (4 km). Abstieg vom Feldberg in der Nähe der Talstation des Lifts ist möglich, oder man erwandert den Feldsee über die große Runde des Feldbergsteigs (12 km).

4 Vier Kontinente in Colmar

Am Rand der Altstadt von Colmar schießen die Wasserfontänen auf der Place Rapp senkrecht aus dem Boden. Wenige Meter weiter, im anschließenden Park, steht der Bruat-Brunnen, der 1864 als erster Brunnen in Colmar mit einem System gebaut wurde, das solche kontinuierlichen Fontänen ermöglicht. Um den Brunnen sind Allegorien für Europa, Afrika, Asien und Amerika versammelt, gestaltet von Auguste Bartholdi, der auch die New Yorker Freiheitsstatue entworfen hat.

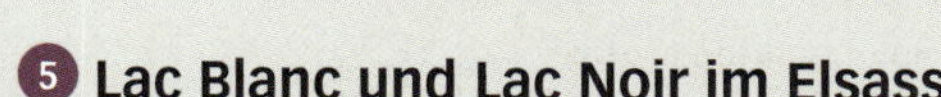

5 Lac Blanc und Lac Noir im Elsass

Eine halbe Autostunde von Kaysersberg entfernt – und schon ist man mitten im Gebirge. Der Lac Blanc ist der größte See des Département Haut-Rhin und Ausgangspunkt für eine Rundwanderung, die vom Parkplatz über den Sentier Cornelius zum Lac Noir, einem Karsee, führt. Anstrengender ist der Aufstieg zur Hochebene des Gazon de Faing, was mit Sicht auf die Vogesen aber gut belohnt wird. Zum Lac Blanc muss man dann allerdings wieder absteigen. Oder man geht den gleichen Weg vom Lac Noir einfach zurück.

Von Kaysersberg auf der D415 und D48 zum Parkplatz am Lac Blanc

6 Tinguely-Brunnen in Basel

Alles dreht sich, überall spritzt Wasser, es sei denn, es ist gerade tiefster Winter und die Brunnenfiguren sind mit einer Eisschicht überzogen. Jean Tinguely, der Meister der bewegten Kunst, die in Basel in einem eigenen Museum gezeigt wird, hat diesen Brunnen auf dem Theaterplatz geschaffen. Zehn Skulpturen, aus Teilen der ehemaligen Bühnenausstattung des Theaters konstruiert, werden mit Schwachstrommotoren angetrieben.

Tinguely-Brunnen, Ecke Klostergasse/Steinenberg, CH-4051 Basel; Mi. vormittags wegen Reinigung außer Betrieb

7 Rheinufer in Basel

Wenn die Basler schon keinen See haben, so nutzen sie eben den Rhein als solchen. Und das bedeutet auch, dass sie darin schwimmen. Entweder von einem der Badehäuser aus oder einfach so. Im Sommer kann man das von einer der Bars am Ufer aus beobachten oder von den Stufen des Kleinbasler Ufers. Oder bei einem Spaziergang entlang des Rheinufers, das dann (ganzjährig!) auf beiden Seiten des Flusses.

8 Kleine Camargue im Elsass

40 Libellenarten umschwirren die Besucher der Petite Camargue und teilen sich den Luftraum mit 174 Vogelarten. Das Wasser im ersten Naturschutzgebiet des Elsass haben seltene Fische, Reptilien und Amphibien erobert. Viele kleinere Wege führen durch die Auenlandschaft, die erahnen lässt, wie wild die Landschaft am Rhein einst war. Der Urwald der Petite Camargue fasziniert zu jeder Jahreszeit, nicht nur zur Orchideenblüte im Frühjahr.

La Petite Camargue Alsacienne, 1 Rue de la Pisciculture, F-68300 Saint-Louis, www.petitecamargue alsacienne.com

Maßstab 1:20.000
0
400m
Kleinbasel
Badischer Bahnhof
Messe
Messeplatz
Rosentalanlage
Basel-Bad.Bhf.
Wettsteinallee
Grenzacherstrasse
Solitude-park
Johanniterbrücke
Kannenfeld-park
Kannenfeld-
8=Kembserweg
9=Oekolampadstr.
10=Schönenbuchstr.
Schützenmattpark
Sportplatz Schützenmatte
Zoolog. Garten
Basel SNCF
Basel SBB
Zoo
5=Rodrisstrasse
6=Eggfluhstrasse
7=Hermann-Suter-Str.
8=Im Margarethenletten
21=Centralbahn-Passage
Holeestr.
Dorenbachviadukt
Margarethenstr.
Nauenstrasse
Grosspeterstr.
St.-Jakob-
Basel-City
B.-City
Zeughaus
Münster
Rheinweg
Wettsteinbrücke
2=St. Alban-Berg
3=Letziplatz
7=St. Alban-Talstrasse
5=Wildensteinerstraße
6=Bechburgerstraße
9=In der Breite
10=Cécile-Ines-Loos-Anl.
Rheinbad
St.-Alban-Vorstadt
Zürcher-
11=Geilertpark
12=Sägebergweg
Gellert
18=Elisabethenanlage
19=Elisabethen-Passage
20=Flamingo
Güterbahnhof Wolf
Basel
Wolf-Gottesacker
Gundeldingerstrasse
Reinacherstrasse
Leimgrubenweg
Brüglingerstr.
Botan. Garten in Brüglingen
Dreispitz
Zollfreilager
Reservoirs
Spital
Bruderholz-
Neumünchenstein
Maßstab 1:11.000
0
200m
31=Sägergässl.
Stadt- u. Münstermus.
Schifflände
12=Blumeng.
35=Wild-Ma-Gässli
1=Martinsgässlein
2=Glockeng.
3=Kellergässlein
4=Sattelg.
8=Ringgässlein
9=Trillengässlein
24=Gerberberglein
25=Im Lohnhof
13=Lohnhofgässlein
14=Totengässlein
20=Beim Wagdenhals
21=Birsig-Durchgang
23=Elisabethenschanze
29=Stänzlerg.
30=Theatergässl.
7=Kirschgartenstr.
Botan. Garten
Universität
Marktplatz
Freie Str.
Rheinbr.
Zoolog. Inst.
Naturhistor. u. Kultur Mus.
Münsterplatz
Rhein
Musik-akad.
Kunsthalle
Stadttheater
Kunstmus.
Antikenmuseum
Steinengraben
Steinenvorstadt
Synagoge
Heuwaage-Viadukt

WELTLÄUFIGE GEMÜTLICHKEIT

Basel ist eine durch und durch europäische Stadt. 1460 wurde in Basel die erste Universität der Schweiz gegründet. Sie prägt die Stadt bis heute, genauso wie die pharmazeutischen und chemischen Weltunternehmen, die sich am Rheinknie niedergelassen haben sowie die zahlreichen Museen für jedes Fachgebiet. Und die Stadt weiß auch zu feiern – mit den größten Volksfesten der Schweiz.

Allgemein

Basel (204 500 Einw. im Kanton Basel-Stadt) vereint als Metropole der Nordwestschweiz internationale Unternehmen, kulturelle Vielfalt und das Konsumangebot einer Großstadt mit der Überschaubarkeit und Gemütlichkeit einer kleineren Stadt. Auf einem ehemaligen keltischen Siedlungsplatz entwickelte sich ein Bischofssitz, der mit der Reformation 1529 sein Ende fand. Protestanten brachten wirtschaftliche Innovationen und neue Handelsverbindungen nach Basel. 1758 begann Johann Rudolf Geigy mit der Farbenherstellung. Als Standort der Chemieindustrie und der Banken genießt Basel heute Weltruf.

INFORMATION
Basel Tourismus im Stadtcasino am Barfüsserplatz, Steinenberg 14, CH 4051 Basel, Tel. 0041 (0) 61 268 68 68, www.basel.com

Kaffee statt Geld

Ein Wohnzimmer für 1000 Menschen? Im Unternehmen Mitte in Basel kein Problem. Gemütlich und inspirierend zugleich. Dieses „Wohnzimmer" war in seinem früheren Leben die Schalterhalle im Bankgebäude der Credit Suisse. Im Keller sind auch noch die historischen Safefächer zu besichtigen. Getragen wird das Projekt, in dem auch Co-Working Plätze und Büros vermietet werden, von einer Stiftung.

Unternehmen Mitte, Gerbergasse 30, Tel. 0041 (0)79 757 80 33, www.mitte.ch; Kaffeehaus Mo.-Mi. 8.00 bis 22.00, Do. bis 24.00, Fr. und Sa. bis 1.00, So. 9.00–22.00 Uhr, Restaurant „buono e semplice", Mo.–Fr. 11.30 bis 14.00, Sa. und So. Brunch 9.30–13.00 Uhr

Sehenswert

Basels 1 **Marktplatz** ist ein guter Ausgangspunkt, um die Altstadt zu erkunden. Prächtig fällt das rote, urspr. gotische **Rathaus** ins Auge, Sitz der Kantonsregierung von Basel-Stadt und zugleich der Stadtregierung, das seit dem 14. Jh. an dieser Stelle steht. Sehenswert sind die Ratszimmer, der Innenhof mit seinen Wandmalereien, die Arkaden und der imposante Turm. Aus Anlass des Beitritts Basels in die Eidgenossenschaft ersetzte man zu Beginn des 16. Jhs. das Vorderhaus durch einen repräsentativen Neubau; an den Zinnen Wappen der zwölf damaligen eidgenössischen Kantone. Die Erweiterung des 17. Jhs. brachte eine Fassade mit gemalter Scheinarchitektur, die Erweiterung um 1900 u. a. den neugotischen Turm. Durch die Schneidergasse mit dem Restaurant „Hasenburg" und vorbei am **Fischmarkt** mit seinem gotischen Brunnen (Urspr. 14. Jh.), in dem Händler einst ihre Ware frisch hielten, gelangt man zur **Mittleren Brücke**. Über den Rheinsprung mit alten Handwerkerhäuschen und die Augustinergasse geht es zum 3 **Münsterplatz**, unterbrochen von Ausblicken auf den Rhein und Kleinbasel und vorbei am klassizistischen Naturhistorischen Museum.
Ein paar Schritte weiter erhebt sich das aus rotem Sandstein errichtete **Münster** mit bunten Ziegeln und den beiden schlanken Türmen; die einstige Bischofskirche wurde zwischen 1019 und 1500 in romanischem und gotischem Stil gebaut. Krypta und Chor (12. Jh.), das Grab

Roter Sandstein ist ein Charakteristikum des prächtigen Basler Rathauses.
Die Münstertürme überragen die Stadt.

des Erasmus von Rotterdam (1465–1536), die Galluspforte (12. Jh.) im Norden und die beiden Kreuzgänge (15. Jh.) erinnern an die bewegte Baugeschichte (www.baslermuenster.ch; Sommer Mo.–Fr. 10.00–17.00, Sa. 10.00–16.00, So. und Fei. 11.30–17.00, Winter Mo.–Sa. 11.00 bis 16.00, So. und Fei. 11.30–16.00; Orgelmusik im Sommer Sa. 12.00–12.30 Uhr).
Der Münsterhügel ist zentraler Punkt der Basler Siedlungsgeschichte. Reste des **Keltenwalls** sind in der Rittergasse (Erdfenster) zu finden. Mitten auf dem Münsterplatz ist der abgedeckte Schacht eines **römischen Brunnens** zu erkennen, der bis zum Grundwasser des Rheins reicht. Spuren einer ersten Bischofskirche stammen aus karolingischer Zeit. Zu Beginn des 11. Jhs. stiftete Kaiser Heinrich II. Basel ein neues Münster. Dieses wurde durch den heutigen Bau ersetzt, der nach dem Erdbeben 1356 gotisch wiederhergestellt wurde.

Tipp

Das größte Volksfest

„Z' Basel isch Mäss" – und alle gehen hin. Seit mehr als 550 Jahren feiern die Basler ihre Herbstmesse, genauer gesagt seit 1471, als Kaiser Friedrich III. dem Basler Bürgermeister Hannsen von Berenfels auf dem Reichstag zu Regensburg „für ewige Zeiten" die Messe bewilligte. Sie beginnt jeweils 14 Tage vor dem Martinstag, dem 11. November. Zwei Wochen lang locken verführerische Düfte von Zuckerwatte und anderen Speisen, verzaubern Lichterketten von Vergnügungsbahnen und dreht sich das Riesenrad hoch über der Stadt auf dem Münsterplatz. Die Basler Mess' lässt sich an mehreren Plätzen in der Stadt nieder, überall gibt es ein anderes Angebot. Sie ist das größte Volksfest in der Schweiz und der Region am Oberrhein.

WEITERE INFORMATIONEN UNTER
www.basel.com

Rundum bauten sich die Domherren ihr Palais. Von der Pfalz hinter dem Münster hat man einen guten Blick über den Rhein nach Kleinbasel und bis zu den Vogesen bzw. den Schwarzwaldhöhen.
Über Rittergasse und Mühlenberg gelangt man in die **St.-Alban-Vorstadt** mit engen Gässchen, traditionellem Handwerk und kleinen Wasserläufen. Die 15 **St.-Alban-Fähre** setzt nach Kleinbasel über, wo Rheinweg und Solitude-Promenade zum Museum Tinguely führen. Von der Stadtbefestigung blieben drei Stadttore: 16 **St.-Alban-Tor**, 11 **St.-Johanns-Tor** und 10 **Spalentor**. Letzteres ist 40 m hoch und das imposanteste; Güter aus dem Elsass gelangten hier in die Stadt. Die in der Nähe gelegene **Universität** ist die älteste der Schweiz, eine Volluniversität mit sieben Fakultäten, mehr als 70 Instituten und 13 000 Studierenden. Sie zählt zu den besten der Welt.
Von der Universität kommt man schnell wieder in die Gassen der Altstadt, in denen sich ein ausgefallenes Geschäft ans andere reiht.

Museen

Basel besitzt rund 40 Museen, hier eine Auswahl: Die 6 **Kunsthalle** vermittelt seit 1872 aktuelle Kunst (Steinenberg 7, www.kunsthalle basel.ch; Di., Mi. und Fr. 11.00–18.00, Do. 11.00 bis 20.30, Sa./So. 11.00–17.00 Uhr). Unter demselben Dach befindet sich das **Schweizerische Architekturmuseum** (www. sam-basel. org; gleiche Zeiten).
Schatzkammer Basels ist das 4 **Kunstmuseum**, 1661 als erstes bürgerliches Museum eröffnet und die älteste öffentliche Kunstsammlung weltweit. In einem Erweiterungsbau in der Nähe des Stammhauses werden Schätze aus den Archiven gezeigt (St.-Alban-Graben 16, https://kunstmuseumbasel.ch; Di.–So. 10.00–18.00, Mi. bis 20.00 Uhr).
Schräg gegenüber liegt das **Antikenmuseum Basel** mit der Sammlung Ludwig, das antiker Kunst und Kultur des Mittelmeerraumes gewidmet ist (St.-Alban-Graben 5, www.antikenmu seumbasel.ch; Di./Mi. 11.00–17.00, Do./Fr. bis 22.00, Sa./So. 10.00–16.00 Uhr).
Nahe der immer wieder umgebauten Kirche St. Alban (Urspr. 13. Jh.) liegt, teils auf dem Gelände einer ehemaligen Papierfabrik, das 15 **Kunstmuseum Basel | Gegenwart**, das zum Kunstmuseum Basel gehört und in wechselnden Ausstellungen Kunst von den 1960er-Jahren bis in die unmittelbare Gegenwart zeigt (St.-Alban-Rheinweg 60, https://kunstmuseum basel.ch; Di.–So. 11.00–18.00 Uhr).
Skulpturen aus Metallteilen setzen sich auf Knopfdruck in Bewegung und lassen es scheppern und krachen: Das 14 **Jean Tinguely** gewidmete Museum zeigt seit 1991 dessen ungewöhnlichen Werke (Paul-Sacher-Anlage 1, www.tinguely.ch; Di.–So. 11.00–18.00 Uhr).
In einem spätgotischen Bau ist das 17 **Karikatur- & Cartoonmuseum** zu finden (St.-Alban-Vorstadt 28, www.cartoonmuseum.ch; Di.–So. 11.00–17.00 Uhr).
Das 3 **Museum der Kulturen** ist das größte ethnologische der Schweiz. Die Sammlungen zu Südsee, Altamerika, Tibet und Bali sowie seine Textilien genießen Weltruf. Seine Erweiterung durch die Architekten Herzog & de Meuron setzt städtebauliche Akzente (Münsterplatz 20, www.mkb.ch; Di.–So. 10.00–17.00, 1. Mi. bis 20.00 Uhr).
Im 2 **Naturhistorischen Museum** kann man auf eine Reise in die Vergangenheit bis zur Entstehung der Erde gehen (Augustinergasse 2, www.nmbs.ch; Di.–So. 10.00–17.00 Uhr).
Erinnerungen an die Kinderzeit werden im 7 **Spielzeug Welten Museum Basel** bei allen Generationen wach (Steinenvorstadt 1, www.spielzeug-welten-museum-basel.ch; Jan.–Nov. Di.–So. 10.00–18.00 Uhr, im Dez. tgl.).
In ungewöhnlicher Umgebung ist das 9 **Musikmuseum** untergebracht, Teil des Historischen Museums Basel. In 24 Zellen eines ehem. Gefängnisses werden Musikinstrumente gezeigt; eine der Zellen erinnert noch an Haftzeiten (Im Lohnhof 9, www.hmb.ch; Mi. bis So. 11.00–17.00 Uhr). Weitere Standorte des Historischen Museums sind die 8 **Barfüsserkirche** mit Kunst, Kunsthandwerk und Alltagskultur (Barfüsserplatz, www.hmb.ch; Di.–So. 10.00–17.00 Uhr), das 5 **Haus Zum Kirschgarten**, das bürgerliche Wohnkultur in Basel zeigt (Elisabethenstrasse 27/29, www.hmb.ch; Mi.–So. 11.00–17.00 Uhr).
Der technischen und kulturellen Entwicklung von Papier, Schrift und Druck ist die 15 **Basler Papiermühle** mit ihren vier Stockwerken gewidmet, letzte einer ganzen Reihe von Wassermühlen am im 12. Jh. gegrabenen St.-Alban-Kanal (St.-Alban-Tal 37, www.baslerpapier muehle.ch; Di.–Fr. und So. 11.00–17.00, Sa. 13.00–17.00 Uhr).

Historische Gebäude in der verwinkelten Altstadt; „Helvetia" blickt von Basels Mittlerer Brücke rheinabwärts Richtung St. Johann.

Die 12 **Verkehrsdrehscheibe Schweiz** mitten im Basler Rheinhafen Kleinhüningen gewährt interaktive Einblicke in die Schweizer Schifffahrt im Zusammenwirken mit Schienen-, Straßen- und Luftverkehr. Hafenrundfahrten mit einer Solarfähre 1-2mal mtl. (Westquaistrasse 2, www.verkehrs drehscheibe.ch; Di.–So. 10.00–17.00 Uhr).

Aktivitäten

Basel lässt sich gut zu Fuß, mit der Oldtimer-Straßenbahn, bei einer Rundfahrt mit dem Bus oder während einer Rheinschiffstour mit der Basler Personenschifffahrt erkunden (Reservierungen Tel. 0041 (0)61 639 95 00, www.bpg.

Tipp

Immer Weihnachten

Was trägt der Weihnachtsbaum in diesem Jahr? Bei Johann Wanner, dem weltweit bekanntesten Händler von mundgeblasenem und handbemaltem Christbaumschmuck, ist das ganze Jahr über Weihnachten. Adventskalender aus Papier mit uralten und modernen Motiven verkürzen die Wartezeit aufs schönste Fest im Jahr.

Johann Wanner Weihnachtshaus, Spalenberg 14, Tel. 0041 (0)61 261 48 26, Mo.–Fr. 9.00–18.30, Sa. 9.00–17.00 Uhr, www.johann wanner.ch

ch). **Stadtrundgänge** sind als Smartphone-Apps erhältlich.
Einen grandiosen Überblick über Basel bietet die „BarRouge" auf dem 105 m hohen 13 **Messeturm** (www.barrouge.ch; tgl. ab 17.00 Uhr). Samstags kann man bei Führungen den Roche-Turm Bau 2 erkunden, das höchste bewohnbare Gebäude der Schweiz (Grenzacherstraße 183, www.live.roche.ch; Sa. 60-minütige Führungen, Anmeldung über Homepage).
Der 19 **Basler Zoo**, liebevoll Zolli genannt, gilt als einer der schönsten Tiergärten in Europa. (Binninger Strasse 40, www.zoobasel.ch; tgl. 8.00–17.30/18/18.30 Uhr). Der 10 **Botanische Garten der Universität** ist u. a. für seine Orchideen bekannt (Spalengraben 8, www.botgarten.unibas.ch; Garten April–Okt. tgl. 8.00 bis 18.00, sonst tgl. 8.00–17.00, Gewächshäuser tgl. 9.00–17.00 Uhr). Ein weiterer 18 **Botanischer Garten (Merian-Gärten)** und schöner Landschaftspark liegt im Südosten Basels (Vorder Brüglingen 5, www.meriangaerten.ch; tgl. 8.00 Uhr bis Einbruch der Dunkelheit).

Veranstaltungen

Basel bietet jedes Jahr zwei Messen mit Weltgeltung: die **Uhren- und Schmuckmesse Basel World** im Frühjahr und die **Kunstmesse Art Basel** im Frühsommer. Höhepunkt zum Winterende ist die **Fasnacht** **TOPZIEL**, die mit dem berühmten Morgenstraich beginnt. Zu den 72 Stunden Basler Fasnacht von Montagmorgen nach Aschermittwoch um 4.00 Uhr bis Donnerstagmorgen um 4.00 Uhr gehören auch die Cortèges genannten Umzüge der rund 12 000 Maskenträger Mo. und Mi. um 13.30 Uhr. Wichtig ist, eine Plakette zu kaufen, denn damit unterstützt man diese traditionsreiche Veranstaltung.
Zum **Nationalfeiertag** der Schweizer am 1. Aug. entzünden die Basler am Vorabend ein großes Feuerwerk. Rund um den 1. Aug. legt das Kulturfloß für mehrere Wochen bei der Mittleren Rheinbrücke auf Kleinbaseler Seite an. Im Herbst amüsiert zwei Wochen lang vor Martini (11. Nov.) die **Herbst Messe**. Am Sa. vor dem 1. Advent öffnet der **Weihnachtsmarkt** auf dem Barfüsserplatz mit rund 150 Ständen (www.basel.com).

Hotel und Restaurants

€ € € Au Violon: originelles Hotel mit 20 kleinen Zimmern im ehem. Untersuchungsgefängnis (Im Lohnhof 4, CH-4051 Basel, Tel. 0041 (0)61 269 87 11, www.au-violon.com).
€ € € € Hasenburg: Das „Château Lapin" ist bekannt für seine Rösti, ist urgemütlich, ob an den Holztischen im Erdgeschoss oder im ersten Obergeschoss (Schneidergasse 20, Tel. 0041 (0)61 261 32 58, www.hasenburg.swiss).
€ € € Zum Braunen Mutz: ein bereits 1913 eröffneter Baseler Klassiker mit regionaler und saisonaler Schweizer Speisekarte (Barfüsserplatz 10, Tel. 0041 (0)61 261 33 69, www.braunermutz.ch).

ROMANZE IM DUNKLEN

„Jetzt küsst Euch doch endlich", wünschen sich die Zuschauer am Ende – doch ihre Bitte wird nicht erhört. Wie soll es auch ein Happy End geben zwischen einem Nachtwächter und einer Offiziersgattin? Der historische Stadtrundgang „Des Nachts in dunklen Gassen" im St.-Alban-Viertel fesselt Menschen jeden Alters.

Wenn sich Nachtwächter Rudolf Streiff donnerstags auf seinen Kontrollgang durch die Vorstadt St. Alban macht, nimmt er all diejenigen mit, die den historischen Stadtrundgang beim Basler Tourismusbüro gebucht haben. Für sie bringt er Licht in die Aufgaben eines Nachtwächters von anno dazumal, in die Gepflogenheiten in St. Alban, wo der „niedere Pöbel" unten im Quartier lebt und die „besseren Herrschaften" weiter oben und wo einst 13 Mühlen betrieben wurden. Immer wieder begegnet die Gruppe der Offiziersgattin Helena Hoffmann Merian, und keinem bleibt verborgen, dass sich die beiden (unglücklich) lieben.

Mit dem Nachtwächter in dunklen Gassen oder mit dem Schreiber in dunklen Zeiten unterwegs – interessante Geschichten über Basels Geschichte sind garantiert.

Die Zuschauer lassen sich von diesen Geschichten aus der Geschichte fesseln. Die Schauspieler Salomé Jantz und David Bröckelmann schlüpfen bei jedem Wetter gern in diese und andere Rollen – auch wenn es kein Happy End für die beiden gibt. Zumindest nicht auf der (Straßen-)Bühne.

Nachtwächterrundgang:
„Des Nachts in dunklen Gassen"
April–Sept. Do. 21.00, Okt.–März Do. 19.00 Uhr (Termine unter www.basel.com)

Weitere szenische Rundgänge:
„Hinter verschlossenen Türen", „Knastbrüder, Metzger und feine Damen" u.a.
Tickets und weitere Details bei Basel Tourismus und den Tourist-Informationen, Tel. 0041 (0)61 268 68 68, www.basel.com

Informationen zu den Schauspielern:
unter www.salomejantz.ch und
www.david-broeckelmann.ch

Umgebung von Basel

EUROPA OHNE GRENZEN

Schlicht „Regio“ nennt sich das Dreiländereck, in der ein grenzenloses Europa schon Wirklichkeit geworden zu sein scheint. Architekten aus aller Welt pilgern hierher, um zu bestaunen, was die Stars der Szene zwischen Weil am Rhein und Basel alles geschaffen haben.

Die beeindruckende Burgruine Rötteln bei Lörrach: Wer will, kann hoch über dem Wiesental einkehren, speisen oder auch heiraten.

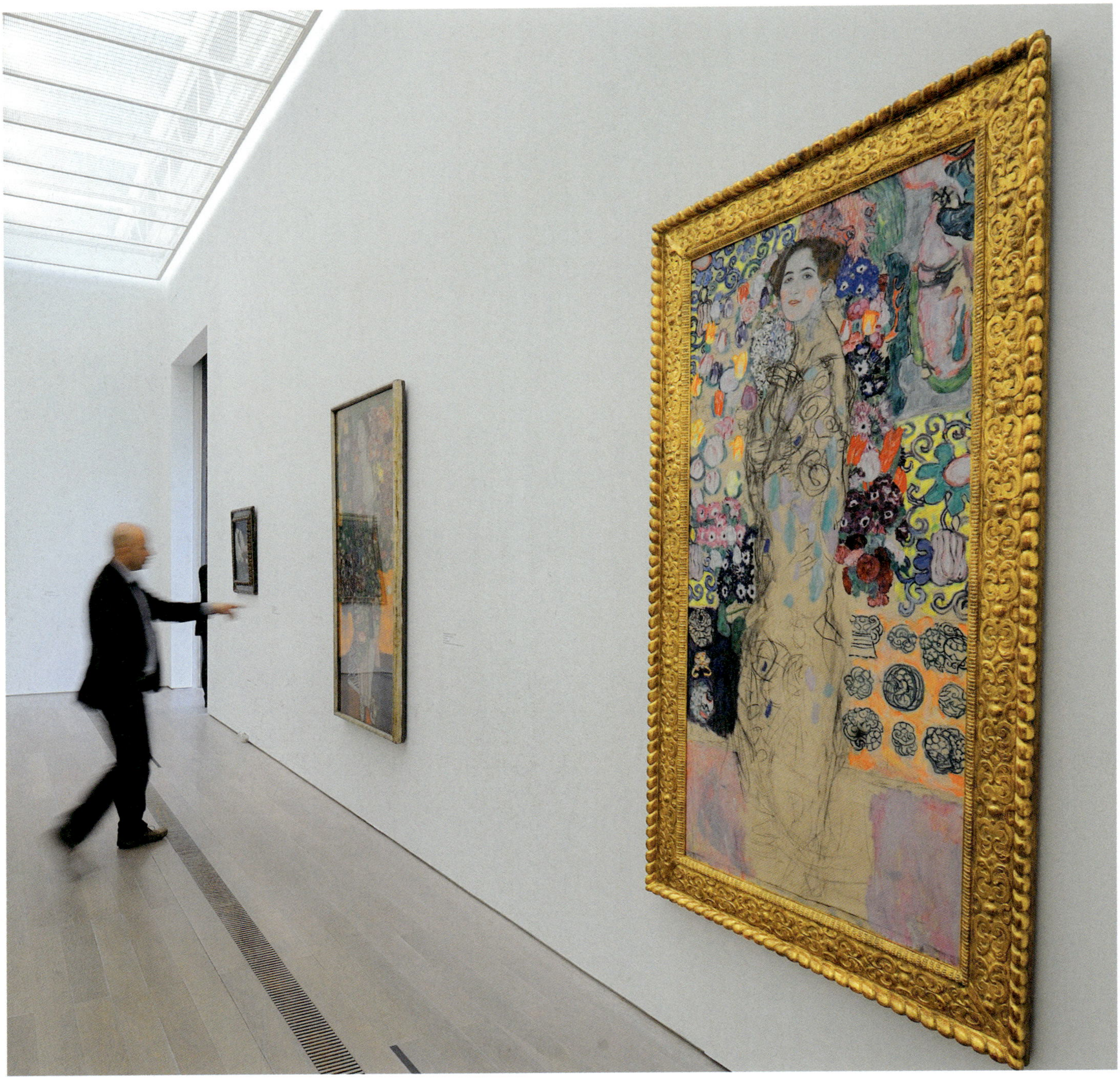

Mit der Fondation Beyeler in Basel-Riehen besitzt das Dreiländereck einen der herausragendsten Orte, um Kunst zu genießen.

2000 Jahre vor Renzo Piano: Das Theater der römischen Stadt Augusta Raurica hat die damaligen Zeitgenossen sicher auch begeistert.

Den Museumsbau der Fondation Beyeler entwarf der Stararchitekt Renzo Piano.

Das Goetheanum in Dornach ist Sitz der Anthroposophischen Gesellschaft und wurde von Rudolf Steiner entworfen.

Augusta Raurica

Die Perle Roms am Hochrhein

Unweit von Basel erinnern die Ausgrabungen bei Kaiseraugst an Augusta Raurica, um 45 v. Chr. gegründet und damit die älteste römische Siedlung in der Schweiz. Heute zeigt das große archäologische Freilichtmuseum das Leben zur Zeit der Römer.

Kochen am antiken Herd

Von keiner anderen Stadt sind so viele Münzen, Götterstatuen, Fibeln und Gläser wissenschaftlich aufgearbeitet wie von Augusta Raurica, einst ein Zentrum antiker Kultur am Rhein. Rund 20000 Menschen lebten hier zur Blütezeit des Kastells, seinerzeit ein Hauptumschlagsplatz des Warenverkehrs über die Alpen. Einblicke in den Alltag vermittelt das Römerhaus mit Küche, Bankettsaal, Baderäumen und Schlafzimmer. Schmiede, Bronzegießerei, Fleischräucherei und Schankstube zählten ebenso dazu. Das römische Theater ist die am besten erhaltene antike Anlage nördlich der Alpen. Dahinter liegen die Curia, die 100 Ratsherren Platz bot, und eine Badeanlage mit Brunnenhaus.

Sensationell war 1961 die Entdeckung eines Silberschatzes (datiert auf um 352 n. Chr.), den ein Bagger dem Erdreich entriss. Jetzt kann man die Silbergeräte und Münzen im Museum besichtigen, der wohl vor anstürmenden Alemannen in Sicherheit gebracht worden war. Um 400 n. Chr. zogen die römischen Truppen ab.

Seit dem Versailler Vertrag von 1919 leben die Menschen im Dreiländereck zwar in einer Region, aber in drei Staaten, genauer gesagt am Rand von drei Staaten. Sie sind umgeben von Grenzen, die heute zwar mehr oder minder offen sind, lange aber Einschränkungen bedeuteten. Was sich Schmuggler alles einfallen ließen, um den Zollbeamten ein Schnippchen zu schlagen, zeigt die Ausstellung im Dreiländermuseum in Lörrach. Dies ist aber nur ein Teil der Sammlung zur Geschichte der fast 9000 Quadratkilometer umfassenden „Regio“, die Südbaden, die Nordwestschweiz und das Oberelsass verbindet.

KUNST IN LÖRRACH

Nicht weit vom „Musée des Trois Pays“ liegt das Kultur- und Veranstaltungszentrum Burghof. Das Gebäude aus Beton, Klinkerstein, Stahl und Glas wirkt von außen wie ein schmales, hohes Schiff. An der Pyramide am Burghof beginnt der Lörracher Skulpturenweg, der zu weiteren Kunstwerken in der Stadt führt. Dieser Rundgang durch die Stadt zeigt demonstrativ ihren Wandel vom industriellen Zentrum des Markgräflerlandes – mit dem im Niedergang begriffenen Schwerpunkt Textilindustrie – zum modernen Kultur- und Dienstleistungszentrum.

Eine idyllische Wasserburg: Schloss Reichenstein, auch Inzlinger Wasserschloss genannt

Heute ist das Wasserschloss das Rathaus der Gemeinde Inzlingen – und im dort ebenfalls heimischen Restaurant zeigen Köche ihre Künste.

EIN BESONDERES GESCHENK

Architektur spielt nicht nur im südbadischen Teil der Regio eine große Rolle. Lediglich einen Steinwurf entfernt – in Riehen, kurz hinter der Deutsch-Schweizer Grenze – hat Renzo Piano das Domizil der Fondation Beyeler entworfen. Hinter einer Porphyrmauer glaubt man, in einer anderen Welt zu sein. Kunst, Gebäude und Natur bilden eindrucksvoll eine Einheit. Der Galerist Ernst Beyeler hatte schon früh eine Leidenschaft für Kunst entdeckt, aber auch seine glückliche Hand bei der Auswahl zeitgenössischer Werke. Nun lebt ein Galerist ja eher vom Verkauf der Kunstwerke als davon, sie zu behalten, aber als geschickter Kaufmann hat Beyeler einen Weg gefunden, Geschäft und Leidenschaft zu vereinen.

IM DOMIZIL DER FONDATION BEYELER GLAUBT MAN, IN EINER ANDEREN WELT ZU SEIN.

GRENZGÄNGER EINST UND JETZT

Vor mehr als 2000 Jahren standen in dieser Ecke der Regio schon einmal beeindruckende Bauwerke. Heute erinnern nur noch Reste an Augusta Raurica, einst Kolonie und Stützpunkt römischer Truppen nördlich der Alpen. Auch wenn die Römer gute Brückenbauer waren, eine 248 Meter lange Querung über den Rhein zu bauen, wäre seinerzeit unvorstellbar gewesen. Diese längste Fußgängerbrücke der Welt erstreckt sich von Weil über den Rhein nach Huningue im Elsass und ist eine der Verbindungen in der Regio. Die mehr als zwei Millionen Menschen, die hier im Zentrum Europas leben, wissen um ihre Gemeinsamkeiten in Sprache, Kultur und als Wirtschaftsraum. Dass sich Basel, Mulhouse und Freiburg zum EuroAirport zusammengefunden haben, ist dabei nur ein Aspekt. Tägliche Grenzübergänge, um im Nachbarland zu arbeiten, sind eine Selbstverständlichkeit.

Die Röttler Kirche in Lörrach beherbergt das Grab Annas von Freiburg.

Architektur

BAUHERREN MIT MUT ZUR INNOVATION

Tief im Süden Deutschlands und hoch im Norden der Schweiz entstand und entsteht ein Spitzenplatz der internationalen Architekturszene – eine weltweit einmalige Sammlung hochkarätiger Gegenwartsarchitektur.

Frank O. Gehry entwarf das Vitra Design Museum in Weil am Rhein, das Baseler Architekturbüro Herzog & De Meuron das Vitra-Haus (links).

Als Rolf Fehlbaum 1981 vor den verkohlten Überresten der Produktionsanlagen seiner Möbelfirma Vitra stand, begriff er das Desaster als Chance, das „Projekt Vitra" um ein Architekturprojekt zu ergänzen und dem anspruchsvollen Möbeldesign ein exzellentes Architekturkonzept an die Seite zu stellen. Nicholas Grimshaw baute die ersten neuen Produktionshallen, aber von dessen Konzept einer homogenen Bebauung des Vitra-Geländes in Weil am Rhein rückte Firmenchef Fehlbaum ab, als er Frank O. Gehry kennenlernte. Mit dem Bau des Vitra Design Museums, Gehrys erstem Werk in Europa, begann eine einmalige Architektursammlung. Sechs der Architekten, die in Weil am Rhein gebaut haben, sind mit dem Pritzker-Preis ausgezeichnet worden, dem weltweit renommiertesten Preis im Bereich Architektur. Rolf Fehlbaum hatte sie alle vor der Auszeichnung engagiert, was für sein untrügliches Gespür für Qualität spricht. Führungen durch diesen einzigartigen Architekturpark werden täglich angeboten.

Gerrit Thomas Rietveld kreierte den „Zig-Zag"-Stuhl, ausgestellt im Vitra Design Museum in Weil am Rhein.

Neben solch hochkarätigen Architekten braucht es natürlich auch mutige und für Neues offene Bauherren, um eine solche Architekturoase zu schaffen. Rolf Fehlbaum ist einer von ihnen. Andere sind beispielsweise die Credit Suisse, die Richard Meier beauftragte, das Euregio-Gebäude in der Nähe des Bahnhofs SBB zu bauen, der Kunsthändler Ernst Beyeler, der von Renzo Piano in Riehen ein Museum für seine Kunstsammlung bauen ließ und der Unternehmer Paul Sacher, der dafür sorgte, dass Mario Botta die bewegte Kunst von Jean Tinguely passend umhüllte, sind weitere Beispiele innovativer Bauherren in der Regio. Aber auch das ehrgeizige Bauprogramm des Kantonalen Hochbauamtes in Basel sorgt dafür, dass sich neben historischen Bauten eine moderne Stadt entwickeln kann. Bei drei Architekturspaziergängen durch Basel können sich Besucher alle namhaften Entwürfe ansehen, die verwirklicht wurden. In Zusammenarbeit mit dem Schweizerischen Architekturmuseum (S AM) hat das Tourismusbüro eine Broschüre herausgegeben, die alle sehenswerten Gebäude in und um Basel herum verzeichnet. Das „S AM", mitten in der Stadt gelegen, versteht sich als Zentrum des Architekturdiskurses in der Schweiz. Wo wäre es besser angesiedelt als in dieser reichen architektonischen Umgebung?

Fakten & Informationen

Architekturführungen auf dem Vitra-Gelände: (www.design-museum.de; tgl. 11.00, Fr.-So, Fei. auch 14.00, im Sommer tgl. 11.00 und 14.00 Uhr
Schweizerisches Architekturmuseum: (Steinenberg 7, www.sam-basel.org) Di., Mi., Fr. 11.00–18.00, Do. 11.00 bis 20.30, Sa. und So. 11.00–17.00 Uhr
Auswahl sehenswerter Gebäude in Basel:
Schaulager, Ruchfeldstraße 19 (Herzog & de Meuron)
Bankgebäude, Aeschenplatz 1 (Mario Botta)
Messeturm, Messeplatz 12 (Morger & Degelo)

Maßstab 1:200.000
0 2 4km
MÜLLHEIM
NEUENBURG am Rhein
Badenweiler
Kleines
Auggen
Schliengen
Bad Bellingen
Marzell
Malsburg-
Wiesental
KANDERN
Efringen-Kirchen
Binzen
Eimeldingen
Steinen
SCHOPFHEIM
Maulburg
LÖRRACH
WEIL am Rhein
Riehen
Inzlingen
RHEINFELDEN
Grenzach-Wyhlen
Birsfelden
Huningue
Village-Neuf
Saint-Louis
Hégenheim
Allschwil
BASEL
Binningen
Bottmingen
Muttenz
Münchenstein
Pratteln
Frenkendorf
Füllinsdorf
Reinach (BL)
Arlesheim
Dornach
Aesch
Hofstetten-Flüh
Leymen
Therwil
Ettingen
LIESTAL
Lausen
Sissach
Gempen
Seewen
Grellingen
Zwingen
LAUFEN
Breitenbach
Nunningen
Bretzwil
Reigoldswil
Oberdorf (BL)
WALDENBURG
Mümliswil-
DELÉMONT
Courroux
Vicques
Mervelier
Erschwil
Büsserach
Kleinlützel
Kiffis
Roggenburg
Lutter
Oltingue
Ferrette
Liebenswiller
Folgensbourg
Buschwiller
Hésingue
Blotzheim
Bartenheim
Sierentz
Kembs
Landser
Habsheim
Rixheim
Riedisheim
MULHOUSE
Brunstatt
Illzach
Kingersheim
Sausheim
Wittenheim
Baldersheim
Ottmarsheim
Bantzenheim
Chalampé
Petit-Landau
Niffer
Forêt Domaniale de la Harth Sud
Flaxlanden
Zillisheim
Zimmersheim
Eschentzwiller
Dietwiller
Steinbrunn-le-Bas
Geispitzen
Waltenheim
Rantzwiller
Koetzingue
Uffheim
Magstatt-le-Bas
Wahlbach
Zaessingue
Helfrantzkirch
Kappelen
Stetten
Brinckheim
Michelbach-le-Bas
Ranspach-le-Bas
Attenschwiller
Michelbach-le-Haut
Knoeringue
Muespach
Wentzwiller
Hagenthal-le-Haut
Hagenthal-le-Bas
Neuwiller
Oberwil
Biel-Benken
Witterswil
Rodersdorf
Biederthal
Burg im Leimental
Metzerlen-
Mariastein
Blauen
Dittingen
Nenzlingen
Pfeffingen
Duggingen
Himmelried
Hochwald
Büren (SO)
Nuglar-St. Pantaleon
Lupsingen
Ziefen
Bubendorf
Seltisberg
Itingen
Ramlinsburg
Zunzgen
Hölstein
Diegten
Bennwil
Lampenberg
Arboldswil
Titterten
Niederdorf
Liedertswil
Lauwil
Passwang
Beinwil (SO)
Fehren
Meltingen
Zullwil
Wahlen
Brislach
Röschenz
Liesberg
Soyhières
Mettembert
Movelier
Bärschwil
Grindel
Courchapoix
Corban
Rossemaison
Augst
Kaiseraugst
Giebenach
Arisdorf
Olsberg
Magden
Hersberg
Nusshof
Wintersingen
Warmbach
Herten
Degerfelden
Karsau
Minseln
Eichsel
Adelhausen
Brombach
Hauingen
Wittlingen
Rümmingen
Haltingen
Ötlingen
Fischingen
Schallbach
Egringen
Holzen
Riedlingen
Tannenkirch
Hertingen
Blansingen
Kleinkems
Istein
Huttingen
Welmlingen
Mappach
Wollbach
Hägelberg
Wieslet
Hausen im Wiesental
Enkenstein
Schlächtenhaus
Endenburg
Sallneck
Tegernau
Gresgen
Stückbaum
Hohe
Sitzenkirch
Feuerbach
Riedlingen
Liel
Niedereggenen
Obereggenen
Mauchen
Steinenstadt
Zienken
Grißheim
Lipburg
Sehringen
Feldberg
Vogisheim
Blauen
Schweighof
Sirnitz
Kälbelescheuer
Neuenweg
Bürchau
Elbenschwand
Wies
Raich
Biosphärengebiet
Südschwarzwald
Lörrach-Mitte
Lörrach-Ost
Basel-Mulhouse-Freiburg (EuroAirport)
BSL/MLH/EAP
Rhein
Grand Canal d'Alsace
Route du Rhin
Badische Weinstraße
Dreieck Neuenburg
Ottmarsheim
Port de Mulhouse-Ottmarsheim
Mulhouse
Hombourg
Ile du Rhin
Petite Camargue Alsacienne
Markt
Grenzach
Dinkelberg
Markgräfler Land
Kandertal
Blauen
Rheinfelden-Ost
Rheinfelden-Mitte
Rheinfelden-Süd
Liestal-Nord
Liestal-Süd
Reinach-Nord
Reinach-Süd
Aesch
Weil am Rhein
Weil-Ost
Hüningen
Kleinhüningen
Otterbach
Vitra-Design-Museum
Fondation Beyeler
Kunstmuseum
Historisches Museum
Zoo
Dreiländereck
Augusta Raurica
Schloss Bürgeln
Burg Rötteln
Schloss Birseck
Goetheanum
Burg Reichenstein
Schloss Angenstein
Schloss Wildenstein
Château de Landskron
Kloster Mariastein
Ruine Pfeffingen
Ruine Dorneck
Ruine Farnsburg
Ruine Fürstenstein
Ruine Rotberg
Ruine Neu-Thierstein
Ruine Neuenstein
Rheinfelden
Höllstein
Bad Bubendorf
Schloss Wildenstein
Ziefen
Lauwil
1 2 3 4 5
2019
2020
12.2017
A35 A36 E25 E35 E54 E60 A5 A98 A861
D201 D419 D432 D466 D468 D473 D108 D39 D52 D55 D9B D16 D21 D21B D463 D66
BL
SO
BS

UNTERWEGS IM »BASELBIET«

Das Dreiländereck rund um die Metropole Basel gilt als Dorado für Architekten und Freunde zeitgenössischen Bauens. Darüber hinaus bietet es auch in Sachen moderner Kunst und Technik manche Höhepunkte. Im Zusammenspiel mit den Bauwerken, die vor mehr als 2000 Jahren unter Roms Herrschaft entstanden sind, wird Geschichte erlebbar. Man kann hier auch französisches Lebensgefühl genießen. Und nicht zuletzt schafft das Dreiländereck Naturfreunden mit Rhein, Schwarzwald und Jura etliche wunderschöne Freiräume.

1 Weil am Rhein

Weil (30 000 Einw.) bildet mit seinen vielen Ortsteilen und dem benachbarten Lörrach ein sogenanntes Oberzentrum und wird durch seine Lage im Ballungsraum Basel bestimmt. 786 erstmals genannt, waren die folgenden Jahrhunderte von Landwirtschaft und Weinbau geprägt. 1913 wurde der Rangierbahnhof Basel-Weil eröffnet; in der Folge entwickelte sich Weil zum industriellen Zentrum.

SEHENSWERT
Seit mehr als 50 Jahren stellt die Firma **Vitra** in Zusammenarbeit mit bedeutenden Designern Möbel für Zuhause, Büros und den öffentlichen Raum her. Nach einem Großbrand 1981 beauftragte das Unternehmen den englischen Architekten Nicholas Grimshaw mit dem Wiederaufbau eines Gebäudes. Seit dieser Zeit ist der Campus zu einer Art Werkschau berühmter zeitgenössischer Architekten geworden (siehe auch S. 110) – deshalb bietet das **Vitra Design Museum** TOPZIEL Architekturführungen an.

Museumspass

Kulturgenuss kann teuer werden, wenn man in einem Gebiet wie der Regio unterwegs ist, in der sich interessante und spannende Museen häufen. Da rechnet sich selbst für Urlauber der Oberrheinische Museumspass, der ein Jahr lang freien Eintritt in 345 Museen zwischen Mannheim und Basel, Colmar und Pforzheim oder Villingen-Schwenningen garantiert – auch für Sonderausstellungen. Fünf Kinder bis 18 Jahre gehen kostenfrei mit.
Erhältlich ist der Pass in allen Mitgliedsmuseen oder unter www.museumspass.com für 119 €.

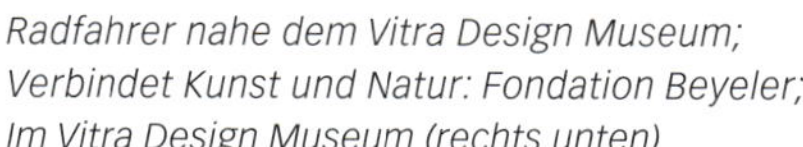

Radfahrer nahe dem Vitra Design Museum; Verbindet Kunst und Natur: Fondation Beyeler; Im Vitra Design Museum (rechts unten)

Beginn ist beim Museum, das Frank O. Gehry wie eine verschachtelte Skulptur entwarf (1989). Urspr. Ausstellungsraum für die Stühle-Sammlung der Firma, werden jetzt wechselnde Ausstellungen zu Design und Wohnkultur gezeigt. Durch eine Pforte Frank O. Gehrys und vorbei an seinem Produktionsgebäude gelangen Besucher zur Produktionshalle (1994) des Portugiesen Alvaro Siza. Das Feuerwehrhaus (1993, heute Veranstaltungsraum) von Zaha Hadid kommt ohne rechte Winkel aus. Gegenüber steht das Schaudepot, entworfen von den Basler Architekten Herzog & de Meuron, das die Vitra-Designsammlung präsentiert. Minimalismus bestimmt den von Tadao Ando entworfenen Konferenz-Pavillon (1993); wer die Betonwand, die zum Eingang hinführt, genau betrachtet, wird Abdrücke von Kirschbaumblättern finden, von den benachbarten Bäumen auf den feuchten Beton geweht.
Die Möbelkollektion präsentiert sich den Besuchern im **VitraHaus**, ebenfalls von Herzog & de Meuron entworfen, auf sehr ungewöhnliche Art und Weise (Charles-Eames-Straße 1, www.design-museum.de und www.vitra.com; tgl. 10.00–18.00, Führungen Design Museum Sa./So. und Fei. 12.00, Schaudepot Sa., So., Fei. 14.00, Architekturführungen tgl. 11.00, Fr.–So, auch 14.00, im Sommer tgl. 11.00, 14.00 Uhr).

INFORMATION
Tourist-Information, Schillerstraße. 2, 79576 Weil am Rhein, Tel. 07621/4 22 36 40, www.w-wt.de

2 Lörrach

Die Große Kreisstadt mit 49 000 Einw. ist Verwaltungssitz des gleichnamigen Landkreises. Im Schatten der Burg Rötteln entwickelte sich ab 1100 das Dorf, das im 15. Jh. Marktrecht erhielt und von seiner Lage an Nord-Süd-Verbindungen profitierte. Zahlreiche kriegerische Auseinandersetzungen im 17. und 18. Jh. beeinträchtigten die Entwicklung sehr. Dennoch konnte Lörrach am Aufschwung des Wirtschaftsraums Basel teilhaben. Wohl bekanntestes Industrieunternehmen ist die Schokoladenfabrik von Kraft Foods, besser unter dem Markennamen Milka bekannt.

SEHENSWERT

Einen guten Blick auf Lörrach und das Dreiländereck hat man von der **Burgruine Rötteln**. Im 11. Jh. erbaut, ging die Burg 1316 an die Markgrafen von Hachberg-Sausenburg, die sie zu einer der mächtigsten Festungen Südwestdeutschlands ausbauten. Beim Bauernaufstand 1525 geplündert und im Dreißigjährigen Krieg beschädigt, wurde sie 1678 während des Holländischen Kriegs zerstört. Die beiden Türme kann man besteigen. In der Landschreiberei ist ein Museum untergebracht, das u. a. Modelle der Burg zeigt. Im Sommer bietet die Burgruine den Rahmen für Freilichtspiele (www.burgruine-roetteln.de; Mitte März–Anf. Nov. tgl. 10.00–18.00, sonst Sa., So. und Fei. 11.00–16.00 Uhr).

Der **Lörracher Burghof** ist ein modernes Veranstaltungszentrum (1998) und hat sich zu einem wichtigen Kulturbestandteil der Regio entwickelt. Das in der Nähe gelegene **Dreiländermuseum** beleuchtet Vergangenheit, Gegenwart und Zukunft der Regio – beispielsweise: Welche Gemeinsamkeiten verbinden die drei Länder, wie kam es zur Dreiteilung, wohin entwickelt sich die Regio (Basler Straße 143, www.dreilaendermuseum.eu; Di.–So. 11.00 bis 18.00 Uhr)? Bei der Pyramide des amerikanischen Konzeptkünstlers Bruce Nauman beginnt am Burghof der **Lörracher Skulpturenweg** mit 23 Stationen quer durch die Innenstadt.

AKTIVITÄTEN

Selbsterfahrung und viel Spaß verspricht der **Erlebniskletterwald**. Künstliche Hindernisse wurden in den Baumbestand integriert (neben der Jugendherberge, Steinenweg 42, Lörrach-Stetten, www.erlebniskletterwald.de; April bis Okt. tgl. 10.30/13.00–18.00 Uhr). Lörrachs **Markt** ist ein Muss. Mit dem Marktrecht sollte 1403 ein Gegengewicht zu Basel geschaffen werden. Heute werden hier regionale **Spezialitäten** angeboten, auch viele Schweizer Kunden kaufen hier ein (Neuer Marktplatz; Sa., Di., Do. 7.00–13.00 Uhr).

Tipp

Wandern in der Regio

Drei schwarze Rechtecke auf gelbem Grund kennzeichnen den Interregio-Wanderweg. In elf Tagen führt ein 210 km langer Rundkurs Wanderer durch das schweizerische sogenannte Baselbiet, den französischen Sundgau und das deutsche Markgräflerland. Da die meisten Etappen auch mit öffentlichen Verkehrsmitteln erreichbar sind, kann man sich Tagestouren aussuchen. Die Interregionale Gesellschaft für Freizeitgestaltung Basel hat den Weg initiiert, die drei großen Wandervereine im Dreiländereck haben die Idee umgesetzt: Schwarzwaldverein, Wanderwege beider Basel und der Vogesenclub.

www.schwarzwaldverein.de, Stichwort Interregio-Wanderweg

Burg Rötteln bei Lörrach;
Blick auf das römische Badeleben im Freilichtmuseum Augusta Raurica

VERANSTALTUNGEN

Das **„Stimmen"-Festival** in Lörrach ist eines der großen Musikereignisse der Regio. Im Sommer sind Konzerte der unterschiedlichsten Musikrichtungen auf dem Marktplatz in Lörrach und an diversen Stellen der Region Basel und Elsass zu hören (www.stimmen.com).

HOTEL UND RESTAURANT

€ € € Wirtshaus Mättle: Das alte Gasthaus aus dem 19. Jahrhundert ist neu belebt. Moderne Einrichtung, frische Marktküche, regional und mediterran (79539 Lörrach, Freiburger Straße 314, Tel. 07621/588 43 00, www.wio-group.de/maettle).

€ € Zum wilden Mann: Restaurant mit guter Weinauswahl; regionale Küche (Lörrach, Basler Straße 172/Am alten Markt, Tel. 07621/37 39, www.zum-wilden-mann.com).

INFORMATION

Tourist-Information,
Basler Straße 170, 79539 Lörrach,
Tel. 07621/41 51 20,
www.loerrach.de

3 Riehen

Die zu Basel gehörende Landgemeinde (22 500 Einw.) genießt seit dem 17. Jh. einen Ruf als Künstlerort.

MUSEEN

127 m misst das Gebäude der **Fondation Beyeler** TOPZIEL, 1997 entworfen vom Genueser Architekten Renzo Piano. In 50 Jahren trug das Sammlerehepaar Hildy und Ernst Beyeler parallel zu seiner Galeristentätigkeit in Basel ausgesuchte Werke der klassischen Moderne zusammen. 1982 wurde die Sammlung in eine Stiftung überführt, die heute rund 400 Bilder und Skulpturen umfasst und eine persönlich geprägte Sicht auf die klassische Moderne dokumentiert, orientiert aber an strengen Qualitätsmaßstäben. Große Künstlernamen sind vertreten und werden in einem Gebäude präsentiert, das sich stark zurücknimmt und zugleich Kunst und Natur verbindet (Baselstrasse 101, www.fondationbeyeler.ch; tgl. 10.00–18.00, Mi. 10.00–20.00 , Fr. bis 21.00 Uhr).

Einige Häuser weiter zeigt der **Kunst Raum Riehen** zeitgenössische Kunst in alter bäuerlicher Architektur (Baselstraße 71, www.kunstraumriehen.ch; bei Ausstellungen Mi.–Fr. 13.00 bis 18.00, Sa./So. 11.00–18.00 Uhr). Das burgartige Wettsteinhaus (17. Jh.) ist Heimstatt des interaktiven **Museums Kultur & Spiel** (Baselstrasse 34, www.muks.ch; Mi.–Mo. 11.00 bis 17.00 Uhr).

UMGEBUNG

Weiter östl. liegt hinter Grenze und Wald **Inzlingen** mit seinem Wasserschloss (um 1500), das heute ein Restaurant und die Gemeindeverwaltung beherbergt.

4 Augst

Augst (1000 Einw.) und Kaiseraugst (5600 Einw.) haben ihren Ursprung in der römischen Stadt Augusta Raurica.

SEHENSWERT

Jahrzehntelange Grabungen zwischen Ergolz, Violenbach und Autobahn und deren Auswertungen vermitteln einen Einblick in den Alltag einer römischen Großstadt vor 2000 Jahren, als 20 000 Menschen **Augusta Raurica** bevölkerten (tgl. 10.00–17.00 Uhr; aktuelle Grabungen und weitere Informationen auf www.augustaraurica.ch). Im Sommer wird das antike Theater bespielt (www.theater-augusta-raurica.ch).

Rheinfelden, rund 7 Km östlich von Augst, gibt es doppelt: auf deutscher wie auf Schweizer Rheinseite, verbunden durch zwei Brücken. Die Altstadt des Schweizer Städtchens ist absolut sehenswert (www.tourismus-rheinfelden.ch).

AKTIVITÄTEN

Der **Rheinpfad** zwischen Augst und Basel will die Bedeutung des Lebensraums Rhein für die Region ins Bewusstsein rücken. Themen, die entlang des 13 km langen Wegs angesprochen werden, sind u. a. Fischerei, Schifffahrt, Rheinhäfen, Flößerei, die Basler Fähren und die Fledermäuse am Rhein (AG Rheinpfad, Tel. 0041 (0)61 686 96 96, www.rheinpfad.ch).

5 Binningen

Auch diese mittlerweile 1000-jährige Gemeinde (15 500 Einw.) ist heute ein Vorort Basels. Ihr ehem. Wasserschloss (Urspr. 13. Jh.) beherbergt heute ein nobles Restaurant.

SEHENSWERT
Seit dem frühen Mittelalter überragt auf einem Hügel die **St. Margarethen-Kirche** Binningen, vermutlich auf einem keltischen Heiligtum errichtet. Der sog. Winkelhakengrundriss, zwei Kirchenschiffe, die im rechten Winkel zueinander stehen, macht sie zu einem der wichtigen Kulturdenkmäler der Region (Friedhofstraße). Mit Schweizer Küche und einer gemütlichen Gaststube hat sich das **€ € € Restaurant Jägerstübli** (Hauptstrasse 112, www.jaeger stuebli-binningen.ch) einen Namen gemacht.

AKTIVITÄT
Südl. liegt Flüh, Ausgangspunkt für Wanderungen auf den Schweizer **Blauen** (887 m).

UMGEBUNG
Dornach ist als Sitz der Anthroposophischen Gesellschaft weltbekannt. Nachdem der erste, hölzerne Bau des Goetheanums 1923 durch Brandstiftung zerstört worden war, wurde bis 1928 der monumentale, dem Jugendstil verpflichtete und rechte Winkel vermeidende Bau aus dem damals neuen Sichtbeton errichtet. Der große Saal bietet u.a. Konzerten eine Bühne; bekannt sind die Aufführungen von Goethes „Faust“ (www.goetheanum.ch).

Tipp

Umweltfreundlich reisen

Umweltfreundlich reisen in drei Ländern mit einem Fahrschein: Das Ticket TriRegio macht es möglich. Die kleine Variante gilt im Elsass von Basel aus gesehen bis über den EuroAirport südlich von Mulhouse hinaus, südlich von Basel bis Dornach und in Deutschland im Landkreis Lörrach. Die große Variante reicht vom Feldberg bis weit in die Nordwestschweiz und im Elsass bis Mulhouse. Das TriRegio-Ticket ist eine Tageskarte, die für einen Erwachsenen und zwei Kinder bis einschl. 15 Jahren gilt und an allen Fahrkartenverkaufsstellen im Tarifgebiet erhältlich ist.

www.triregio.info
Fahrplanauskunft: www.bwegt.de
Regio Verkehrsverbund Lörrach, Turmstr. 20, D-79539 Lörrach, Tel. 07621/ 588 05 20; www.rvl-online.de
TNW Tarifverbund Nordwestschweiz, Grenzweg 1, CH-4104 Oberwil
www.tnw.ch

DREI-LÄNDER-TOUR

Der Südschwarzwald-Radweg ist etwas für Genießer. Ohne wesentliche Anstiege führt er von Hinterzarten aus rund um den Naturpark Südschwarzwald. Der Abschnitt von Basel nach Freiburg verbindet die drei Länder der Regio und führt die Radler zu kulturellen Höhepunkten und typischen Landschaften.

Wenn Sie die Museumslandschaft in Basel erobert haben, ist es Zeit, aufs Rad zu steigen. Werfen Sie von der Pfalz hinter dem Münster nochmals einen Blick auf den Rhein und Kleinbasel und machen Sie sich dann auf den (Rad-)Weg Richtung Universität und Hunnigue. Bald werden Sie die Grenze nach Frankreich überqueren.

Im Zentrum von Hunnigue lässt sich das französische Lebensgefühl bei einem Café au lait und frischen Croissants genießen. So gestärkt geht's auf die „Passerelle des Trois Pays“, die mit einer Stützweite von 230 Metern als längste frei tragende Radfahrer- und Fußgängerbrücke der Welt gilt. Die Dreiländerbrücke führt nach Weil am Rhein. Riesige Stühle laden zu einem Abstecher zum Vitra-Gelände ein. Bald teilt sich der Rhein in

Ausgangs- oder Endpunkt der Tour ist Freiburg – im Bild Radler auf der Wiwilíbrücke vor der Herz-Jesu-Kirche.

den Grand Canal d'Alsace und den schon lange begradigten Fluss auf. Die Radler strampeln rechtsrheinisch Richtung Norden nach Bad Bellingen. Ab Neuenburg geht es weg vom Rhein hinein ins schöne Markgräflerland. Reben und Berge säumen den Weg nach Freiburg, wo Sie das nächste Münster erwartet.

Allgemeines: Der Südschwarzwald-Radweg durchquert drei Länder, vier Landkreise und 56 Gemeinden.
Tourinformationen: Der Abschnitt von Basel nach Bad Bellingen umfasst 27,5 km. Von Bad Bellingen bis Bad Krozingen sind 31 km zu bewältigen und bis Freiburg weitere 16 km.

Infos unter:
www.adfc-radtourismus.de/suedschwarzwald-radweg
E-Bike-Ladestationen unter: www.touren-schwarzwald.info

Traditionshaus „Zum roten Bären" in Freiburg; „Inselhopf" von Feierling in der Gerberau; Auslage in einem Colmarer Feinkostladen

HILFREICH & NÜTZLICH

Attraktionen und Ansprechpartner, Ess- und Trinkgewohnheiten, Geschichtliches ... die folgenden Seiten bieten eine Übersicht nützlicher Reiseinfos.

Anreise

Mit dem Auto: Von Norden über die Autobahn A 5. „Riegel" führt die erste Abfahrt in Richtung Kaiserstuhl. Für einen Besuch Freiburgs nimmt man am besten die Abfahrt „Freiburg-Mitte". Um nach Breisach, ins Markgräflerland oder nach Colmar zu kommen, ist die Abfahrt „Bad Krozingen" geeignet. Weiter südlich hat Mulhouse eine ausgeschilderte Abfahrt, ebenso Weil am Rhein. Dann führt die A 5 direkt auf Basel zu.
Mit dem Zug: Richtung Basel fahren sowohl ICE als auch IC, die auch in Freiburg halten.
Mit dem Flugzeug: Der EuroAirport Basel-Mulhouse-Freiburg liegt 6 km nordwestlich von Bael in Frankreich. Er wird täglich von mehreren Fluggesellschaften angeflogen.

Auskunft

Schweiz: Basel Tourismus im Stadtcasino am Barfüsserplatz, Steinenberg 14, CH-4051 Basel, Tel. 0041 (0)61 268 68 68, www.basel.com; Baselland: www.baselland-tourismus.ch
Elsass: Alsace Destination Tourisme, 1 rue Schlumberger BP 60337, F-68006 Colmar Cedex, Tel. 0033 389 20 20 68, www.visit.alsace
Deutschland: Tourist-Information Freiburg, Rathausplatz 2–4, D-79098 Freiburg, Tel. 0761/3 88 18 80, www.visit.freiburg.de; weitere Internetadressen:
www.naturgarten-kaiserstuhl.de
www.schwarzwald-tourismus.info/schwarzwald/regionen/markgraeflerland
www.muenstertal-staufen.de
www.suedwaerts.com

Auto

Schweiz: Die Autobahnen sind mautpflichtig. Die Autobahnvignette gilt 14 Monate – vom 1. Dez. bis 31. Jan. des übernächsten Jahres. Sie kostet 40 Schweizer Franken bzw. 42 Euro. Man erhält sie bei Automobilclubs, in Grenznähe auch an Tankstellen. Über das Internet kann man die Vignette beim ADAC (www.adac-shop.de) kaufen. Seit Sommer 2023 gibt es auch eine elektronische Vignette. Auf Autobahnen darf maximal 120 km/h gefahren werden, auf Landstraßen 80 km/h und in geschlossenen Ortschaften 50 km/h. Es gilt eine Blutalkoholgrenze von maximal 0,5 Promille.
Frankreich: Die Autobahnen im südlichen Elsass sind mautfrei. Die zulässige Höchstgeschwindigkeit auf französischen Autobahnen beträgt 130 km/h, auf Landstraßen 80 oder 90 km/h und in Orten 50 km/h. Die erlaubte Blutalkoholgrenze liegt bei 0,5 Promille.

Bahn und Bus

Von Freiburg nach Basel braucht man mit dem ICE eine gute halbe Stunde, mit der Regionalbahn eine knappe Stunde. Mit dem Ticket TriRegio, einer Tageskarte, die 24 Stunden für einen Erwachsenen und zwei Kinder bis einschl. 15 Jahren gilt, kann man im südlichen Teil der Regio gut unterwegs sein (www.triregio.info, Regio Verkehrsverbund Lörrach, www.rvl-online.de). Die Freiburger Verkehrsgesellschaft bietet ebenfalls eine 24-Stunden-Karte für die Region an (www.vag-freiburg.de).
Das Elsass verfügt mit 161 von Regionalexpresszügen angefahrenen Bahnhöfen über ein sehr dicht ausgebautes Eisenbahnnetz. Darüber hinaus gibt es Autobuslinien des SNCF (www.fluo.eu/de). Fernbuslinien bestehen nach Freiburg, Basel, Straßburg, Colmar und Mulhouse.

Essen und Trinken

In **Basel** sind die Leckerli, eine Lebkuchenart, eine Spezialität. Das bekannteste herzhafte Gericht der Schweiz sind Rösti, in der Regel „Rööschti" gesprochen, die es als Beilage zu Gschnetzeltem (meist Kalbfleisch), zu Bratwurst oder zu Spiegeleiern gibt. Für ein vegetarisches Mittagessen werden die geriebenen, knusprig braun gebratenen Kartoffeln auch mit Salat oder nur mit Sauerrahm serviert.
In **Baden** werden gebratene Kartoffeln nicht als Rösti, sondern als Brägele serviert – zum Schnitzel, zum Wurstsalat, zur Bratwurst oder zu sauren Nierle. Brägele kann man schlicht mit Bratkartoffeln übersetzen, doch besitzen Brägele meist einen viel feineren Geschmack. Noch lauwarmer Kartoffelsalat ist eine weitere typisch badische Beilage zu verschiedenen Gerichten. Spargel wird im Rheintal beiderseits der Grenze angebaut (siehe S. 64).
Die badische Tradition des Vesperns pflegen vor allem die Landgasthöfe und Straußwirtschaften: Vesperteller mit Blut- und Leberwurst, Salami, Schwartenmagen, Speck, einem Stück Käse, Butter, einer Gewürzgurke und häufig einem kleinen Schnaps.

Urlaubsvergnügen Rheinschifffahrt – hier vor dem Münsterberg von Breisach

Im **Elsass** gibt es so gut wie alle französischen Käsesorten, Ziegen- und Munsterkäse sind aber besonders zu empfehlen. Im Munstertal kann man regelrechte Käsetouren durch die Gasthäuser machen. In den Fermen, den bewirtschafteten Bergbauernhöfen, bekommt man Käseteller und andere Spezialitäten wie grünen Salat mit gratiniertem Ziegenkäse. Was in fast allen Restaurants und Weinstuben auf der Speisekarte steht, ist die Tarte flambée, der Flammkuchen, ein dünn ausgerollter Brotteig, belegt mit Crème fraiche oder Quark, Speck und Zwiebeln. Sauerkraut ist ein Essen, das besonders gut schmeckt, wenn es langsam gegart wird. Das Choucroute garni, das mit Speck, Würstchen und Fleisch belegt ist, ist sicherlich etwas für den großen Hunger. Riesling schadet dem Kraut nie, sagen sich die Elsässer – und nicht nur dem Kraut. Im Elsass wird viel mit Riesling gekocht, zum Beispiel auch Coq au vin, ein Huhn in einer sahnigen Soße, oder Truite au Riesling, Forelle in Weißweinsoße. Alle drei Regionen haben besondere und typische **Weine**. Im Elsass sind dies vor allem der Pinot Noir und der Riesling. Eine Rebenspezialität des Markgräflerlandes ist der Gutedel. Das ist kein großer, aber ein ehrlicher, bodenständiger Wein. Als Tafeltraube mit großen Beeren bekommt man weißen und roten Gutedel fast überall, gekeltert wird er aber nur in der Westschweiz, ein wenig im Elsass, wo er wie in der Schweiz Chasselas genannt wird, und eben im Markgräflerland. Der Gutedel beschwert weder Kopf noch Magen.

Feste und Feiertage

Neujahr (1. Jan.), **Heilige Drei Könige** (6. Jan.; nur Baden), **Karfreitag, Ostermontag, Tag der Arbeit** (1. Mai), **Tag des Sieges** (8. Mai; nur Elsass), **Christi Himmelfahrt, Pfingstmontag** (nur Baden und Schweiz), **Fronleichnam** (nur Baden), **Nationalfeiertag** (14. Juli; Frankreich, 1. Aug.; Schweiz), **Mariä Himmelfahrt** (15. Aug.; nur Elsass und Schweiz), **Tag der Deutschen Einheit** (3. Okt.; Deutschland), **Allerheiligen** (1. Nov.; nur Elsass und Baden), **Gedenken an den Ersten Weltkrieg** (11. Nov.; nur Elsass), **Weihnachten** (25. und 26. Dez.).

Geld

Offizielles Zahlungsmittel in der **Schweiz** ist seit 1850 der Schweizer Franken (CHF), unterteilt in 100 Rappen. Anfang 2015 hob die Schweizerische Nationalbank den seit 2011 geltenden Mindestkurs von 1,20 Franken pro Euro auf. Seither ist der Wert des Euro gegenüber dem Franken erheblich gefallen.
Man kann wie in Deutschland und Frankreich auch mit Euro bezahlen, jedoch nur in Scheinen, und man bekommt Franken zurück. Außerdem ist der Wechselkurs nicht immer eindeutig. Deshalb ist es ratsam, Franken für Einkäufe und Restaurantbesuche mitzuführen.

Öffnungszeiten

Schweiz: Die Geschäfte in Basel können von 6.00–20.00, am Samstag bis 18.00 Uhr geöffnet sein. Kleine Supermärkte öffnen meist von 8.00–18.30. In den Bahnhöfen kann man auch So. einkaufen, im Hauptbahnhof SBB tgl. bis 22.00 Uhr. Die Post im Stadtzentrum (Rüdengasse 1) ist Mo.–Fr. 9.00–18.30 geöffnet, Sa. 9.00–17.00 Uhr. Die Öffnungszeiten der Banken sind Mo.–Fr. 8.30–17.00/17.30 in Basel-Stadt, in ländlichen Gemeinden mit Mittagspause.

Elsass: Die Geschäfte haben in der Regel Mo. bis Sa. 9.00–19.00 Uhr mit individueller Mittagspause geöffnet, Kaufhäuser meist durchgängig, die großen Supermärkte an den Ortsrändern (Hypermarchés) meist bis 21.00 Uhr. Banken sind Mo.–Fr. 9.00–12.00 und 14.00 bis 17.00 Uhr dienstbereit. Viele Banken haben auch am Samstagvormittag offen, dafür dann aber Mo. geschlossen. Die städtischen Postämter (bureaux de poste) sind meist Mo.–Fr. 8.00 bis 19.00 und Sa. 8.00–12.00 Uhr geöffnet. In den Dörfern gelten kürzere Öffnungszeiten mit einer Mittagspause.
Baden: In Baden-Württemberg ist Geschäften freigestellt, wie lange sie geöffnet haben wollen. So öffnen in den Städten manche Geschäfte erst um 10.00 und haben bis 20.00 Uhr geöffnet. In ländlichen Gegenden gelten noch ganz traditionelle Öffnungszeiten mit einer Mittagspause. Dort schließen auch viele am Mittwochnachmittag. Die Freiburger Hauptpost in der Eisenbahnstraße hat Mo.–Fr. 9.30–18.30 geöffnet, Sa. 9.00–14.00 Uhr.

Reisedokumente

Bürger der Europäischen Union benötigen für die Einreise ins Elsass und in die Schweiz nur den Personalausweis und ggf. den Führerschein.

Restaurants

Preiskategorien

€€€€	Hauptspeisen	über 25	€
€€€	Hauptspeisen	15–25	€
€€	Hauptspeisen	10–15	€
€	Hauptspeisen	bis 10	€

Eine kleine Auswahl an Restaurants wird auf den einzelnen Infoseiten vorgestellt.

Info

Daten & Fakten

Landesnatur und Klima: Der Oberrheingraben gilt als eines der klimatisch am meisten begünstigten Gebiete in Deutschland. Hier sind die Winter am mildesten und die Sommer am wärmsten. Die Entstehung des Oberrheingrabens, Teil eines Grabensystems zwischen Nordsee und Mittelmeer, begann vor ca. 35 Mio. Jahren. Die höchsten Berge: Grand Ballon (1424 m), Belchen (1415 m), Schauinsland (1264 m), Blauen (1166 m) und Petit Ballon (1163 m). Die größten Städte: Basel, Mulhouse, Colmar und Freiburg.
Wirtschaft: 2,3 Mio. Menschen bewohnen die Regio. Ausgeprägt zeigt sich der industrielle Bereich mit den Schwerpunkten Chemie, Maschinen-, Apparate- und Fahrzeugbau sowie Elektronik. Der Weinbau – besonders in Baden und im Elsass – ist ein bedeutsamer Wirtschaftsfaktor.
Sprache: Deutsch ist Muttersprache der Badener und Baseler, Französisch Hauptsprache im Elsass.
Staatsform: Südbaden gehört zum Bundesland Baden-Württemberg. Die Schweiz ist ein Bundesstaat mit 26 Kantonen; Basel-Stadt und Basel-Land bilden eigene Kantone. Frankreich ist eine Republik mit 18 Regionen, untergliedert in 103 Départements, 96 liegen in Europa; das südliche Elsass bildet das Département Haut-Rhin (Hochrhein).

Hochprozentiges, Basler Leckerli und Sommerszene im Dreiländereck

Schifffahrten

Hochrheinfahrten nach Kaiseraugst und Rheinfelden sowie Rundfahrten im Baseler Hafen bietet die Basler Personenschifffahrt (Westquaistrasse 62, CH-4057 Basel, Tel. 0041 (0)616 39 95 00, www.bpg.ch).
Der Oberrhein sowie die Kanäle bis nach Colmar sind das Revier der BFS Breisacher Fahrgast-Schiffahrt GmbH (Rheinuferstraße, Schiffsanlegestelle Brücke 2 der BFS, D-79206 Breisach/ Rhein, Tel. 07667/94 20 10, www.bfs-linie.de).

Telefon und Notrufe

Ländervorwahlen: Deutschland 0049, Frankreich 0033, Schweiz 0041.
Bei Telefonaten ins Ausland entfällt die Null der Ortsvorwahl. Bei innerschweizerischen Gesprächen muss man die Ortsvorwahl immer mitwählen, auch wenn man vor Ort ist. Auch in Frankreich sind stets alle zehn Ziffern zu wählen.
Euronotruf: 112
Notruf Polizei: Deutschland 110, Frankreich 17, Schweiz 117
Feuerwehr: Deutschland 112, Frankreich 18, Schweiz 118
Krankenwagen: Deutschland 112, Frankreich 15, Schweiz 144
Sperrung elektronischer Medien wie Kredit- und EC-Karten: 116 116

Info

Geschichte

Ab 1000 v. Chr.: Kelten siedeln als erstes historisch bestimmbares Volk in der Region.
58 v. Chr.: Die Römer beherrschen das Land bis ins 5. Jh. als Provinz „Germania superior".
496: Das spätere Elsass wird Teil des Fränkischen Reiches.
8.–10. Jh.: Im Zuge der Christianisierung entstehen mehrere Klöster: St. Trudpert im Münstertal, St. Blasien, St. Odilien im Elsass. Basel wird 740 Bischofsstadt.
925: Das Elsass wird Teil des Herzogtums Schwaben und später an die Staufer verliehen.
11.–14. Jh.: Die Zähringer gründen u. a. Freiburg. Der Breisgau wird österreichisch.
1226: Colmar wird erstmals als eigenständige Stadt erwähnt.
1457: Gründung der Universität Freiburg.
1457: In Basel wird die erste Universität der Schweiz eröffnet.
1648: Nach dem Dreißigjährigen Krieg wird die Unabhängigkeit der Eidgenossen anerkannt, und Frankreich hat sich große linksrheinische Besitzungen angeeignet.
1815: Nach dem Zusammenbruch des Napoleonischen Kaiserreichs spricht der Wiener Kongress der Schweiz „ewige bewaffnete Neutralität" zu.
1848: Die Deutsche Revolution beginnt in Baden. Die Schweiz wird Bundesstaat.
1870/1871: Die Franzosen unterliegen im Deutsch-Französischen Krieg. Das Elsass gehört wieder zum Deutschen Reich.
1918/1919: Mit dem Vertrag von Versailles erhält Frankreich erneut das Elsass.
1939–1945: Deutsche Truppen besetzen 1940 das Elsass.
1987: Der gemeinsame Flughafen heißt nun EuroAirport Basel-Mulhouse-Freiburg.
1992: Die Schweiz lehnt den Beitritt zum europäischen Wirtschaftsraum ab, Basel-Stadt stimmt jedoch zu.
2017: Im Dezember wird die Basler Fasnacht zum Weltkulturerbe erklärt.
2020: Die Stadt Freiburg feiert ihr 900-jähriges Bestehen.
2023: Der Neubau der Bahn Colmar-Freiburg verzögert sich – Inbetriebnahme wohl 2036.

Unterkunft

Preiskategorien

€€€€	Doppelzimmer	über 200 €
€€€	Doppelzimmer	150–200 €
€€	Doppelzimmer	100–150 €
€	Doppelzimmer	50–100 €

Hotels: In der gesamten Region gibt es eine Vielzahl guter und sehr guter Hotels, Gasthöfe und Pensionen. Auf den Infoseiten werden einige von ihnen vorgestellt. Viele Hotels bieten spezielle Arrangements und Sonderkonditionen zu bestimmten Zeiten. Vor allem in der Vor- und Nebensaison variieren die Preise teils beträchtlich. Nachfragen lohnt also.
Jugendherbergen: Jugendherberge St. Alban in **Basel** (Maja-Sacher-Platz, CH-4052 Basel, Tel. 0041 (0)61 272 05 72, www.youthhostel.ch/basel), Jugendherberge **Breisach** (Rheinuferstraße 12, 79206 Breisach, Tel. 07667/76 65, www.jugendherberge.de/jugendherbergen/breisach), Auberge de jeunesse de **Colmar** (2, Rue Pasteur, F-68000 Colmar, Tel. 0033 (0)389 80 57 39, www.colmar.fr/auberge-jeunesse), Jugendherberge **Freiburg** (Kartäuserstraße 151, 79104 Freiburg, Tel. 0761/6 76 56, www.jugendherberge.de/jugendherbergen/freiburg), Jugendherberge **Lörrach** (Steinenweg 40, 79540 Lörrach, Tel. 07621/4 70 40, www.jugendherberge.de/jugendherbergen/loerrach), Auberge de jeunesse de **Mulhouse** (37, Rue de l'Illberg, F-68100 Mulhouse, Tel. 0033 (0)389 56 23 62, www.aubergejeunesse-mulhouse.com).

Zoll

Zwischen **Frankreich** und **Deutschland** gibt es bei sogenannten haushaltsüblichen Mengen keine Beschränkungen. **Aus der Schweiz** dürfen Personen ab 17 Jahren folgende Mengen nach Deutschland einführen: 200 Zigaretten oder 100 Zigarillos oder 50 Zigarren oder 250 Gramm Tabak, einen Liter Spirituosen mit einem Alkoholgehalt von mehr als 22 % Vol. und zwei Liter mit einem Alkoholgehalt von 22 % Vol. oder weniger und vier Liter nicht schäumender Weine. Andere Waren dürfen bis zu einem Wert von insgesamt 300 Euro mitgebracht werden. **In die Schweiz** dürfen Personen ab 17 Jahren folgende Mengen einführen: Alkoholische Getränke von 18 % Vol. fünf Liter und über 18 % Vol. einen Liter, 250 Zigaretten oder Zigarren oder 250 Gramm Rauchtabak.
Internet: www.zoll.de, www.adac.de

Urlaub erinnern ...

Genüsse aus drei Ländern für Zuhause: Basler Leckerli, Bredele aus Riquewihr und Freiburger Uni-Sekt.

APÉRO IM BRUNNEN GENIESSEN

Bis heute habe ich mich noch nicht getraut, im Rhein zu schwimmen. Gerne schaue ich den – in meinen Augen – Wagemutigen bei einem Apéro vom Kleinbasler Ufer aus zu. Beim nächsten Besuch in Basel nehme ich meinen Apéro mal mit ins Wasser. Aber nicht in den Rhein sondern in den Gemsberg-Brunnen, einen der Badebrunnen in Basel, in denen man herrlich abkühlen kann nach einem Sommertag in der Stadt.

TRADITION IN UND AUF DER DOSE

Basler Leckerli kann man an vielen Stellen kaufen. Zum Beispiel auch bei Jakob's Basler Leckerly. Bienenhonig, Mandeln, Mehl, Zucker, kandierte Früchte und Gewürze gehören auf alle Fälle in den Leckerly-Teig. Mit einer Dose, auf der der Lälle-König verewigt ist, kann man am Spalenberg doppelte Basler Tradition mit nach Hause nehmen.

IMMER DEM FAULTIER NACH

Unser älterer Sohn hat viel Spaß an gutem Kaffee. Besonders gerne bringe ich ihm einen Kaffee von El Purica von der Südseite des Freiburger Münstermarkts mit. Andrés aus Costa Rica und Nora aus Freiburg importieren die Kaffeebohnen direkt von Fincas in Costa Rica und rösten jedes Lot individuell. Maskottchen des jungen Unternehmens ist das Faultier, von denen viele in Andrés' Heimat Costa Rica leben.

WÄRMENDE WOLLE

Alpakas leben in den südamerikanischen Anden, vor allem in Peru – und im Zastlertal südöstlich von Freiburg. Wenn Sie jemanden kennen, der gerne strickt, finden Sie im Alpaka-Atelier wunderschöne Garne. Oder Sie nehmen etwas fertiges Wäremendes mit (www.zastlertal-alpaka.de).

WEIN VON DER UNI

Bis zum Jahr 1806 war das Gehalt der Professoren an der Freiburger Uni u.a. vom Ertrag aus den Weinbergen der Universität abhängig. Mit der Zugehörigkeit zum Großherzogtum Baden wurden dann feste Gehälter ausgezahlt. Seit 1985 gibt es wieder Wein aus den universitären Rebanlagen. Bestellen kann man unter Telefon 0761/203 43 56 und dann abholen oder zusenden lassen. Ich mag den Universitätssekt.

GEHEIMNIS DER BRÄGELE

Wenn ich in der Strauße sitze und Bibeleskäs mit Brägele esse, denke ich immer, das kann doch nicht so schwer sein, solche Bratkartoffeln zu machen. Ist es aber doch. Jetzt probiere ich es mal mit einem Brägele-Gewürz aus der Regio. Gibt es in Bauernhofläden und auf den Wochenmärkten. Bibeleskäs? Ach so, ja. Das ist Quark mit Sahne, Salz, Pfeffer, Schnittlauch und Zwiebeln. Probieren Sie es aus!

ZAUBERHAFTE ADVENTSZEIT

Das Elsass ist magisch im Advent und über diesen hinaus bis 6. Januar. In jedem Dorf gibt es einen Weihnachtsmarkt, in Städten wie Colmar (Foto) gleich mehrere. Unter www.weihnachten.alsace findet man alle Highlights. Sie wollen nicht so lange warten? Dann nehmen Sie sich eine Tüte Bredele aus Riquewihr mit oder Weihnachtsschmuck von Johann Wanner am Spalenberg in Basel.

»ICH KANN NICHT VOM ELSASS REDEN, OHNE ES DURCH DEN MAGEN ZU SEHEN. DIE ESSKUNST IST BEI UNS EIN TEIL EINER EINGEPRÄGTEN KULTUR, EINE HUMANISTISCHE ERFAHRUNG.«

Tomi Ungerer

RÄTSELFIEBER

Keine Lust auf Stadtführung? Dann ist vielleicht eine Schnitzeljagd genau das Richtige. Rätsel lösen kann man in Freiburg, Basel, Colmar, aber auch auf dem Schauinsland, im Basler Umland und im Elsass. Ich bin da immer mit großer Begeisterung dabei und gewinne jedes Mal neue Einsichten in Orte, die ich eigentlich gut zu kennen glaubte. Anbieter findet man leicht übers Internet oder die Touristinformationen.

SCHWARZE NÜSSE

Zugegeben, sie sehen nicht so superlecker aus, die schwarzen Nüsse von der Ölmühle Fessinger in Breisach. Aber man soll ja nicht immer nach dem Äußeren gehen. Nachdem ich sie einmal probiert habe, in hauchdünne Scheiben aufgeschnitten zu Käse und einem guten Glas Wein, müssen sie immer wieder sein. Geht auch mit Vanille-Eis!

KAMERA STECKEN LASSEN

Sie haben es geschafft und sind zum Sonnenaufgang auf den Belchen (Foto) oder den Grand Ballon aufgestiegen? Oder eher zum Sonnenuntergang? Beides sind für mich immer wieder unvergessliche Erlebnisse. Und seit einiger Zeit schaue ich auch nur noch, lasse meine Kamera stecken und sammle Erinnerungen.

REGISTER

Fette Ziffern verweisen auf Abbildungen

Impressum

6. Auflage 2024

Verlag: DuMont Reiseverlag, Postfach 3151, 73751 Ostfildern, Tel. 0711/450 20, Fax 0711/45 02 135, www.dumontreise.de
Geschäftsführer(in): Dr. Stephanie Mair-Huydts, Markus Schneider
Programmleitung: Andrea Wurth
Redaktion: Achim Bourmer
Text: Cornelia Tomaschko, Ettlingen
Exklusiv-Fotografie: Ralf Freyer, Freiburg
Titelbild: mauritius images/Westend 61/Werner Dieterich (Freiburg, Blick auf den Münsterplatz)
Zusätzliches Bildmaterial: S. 4 Mitte mauritius/Daniel Schoenenberger, 4 u. picture-alliance/Zoonar/Jürgen Wiesler, 7 l. u. getty/Fabrice Coffrini, 8/9 Glow Images, 10/11 laif/Berthold Steinhilber © Succession Picasso/VG Bild-Kunst, Bonn 2023, 12/13 huber/R. Schmid, 14/15 DuMont Bildarchiv/Udo Bernhart, 16/17 huber/R.Schmid, 18/19 picture-alliance/Micha Korb, 20 l. Lindemer Straußi, r. o. mauritius/Westend61/Dieter Heinemann, r. u. Weingut Schneider-Pfefferle, 21 o. Esther Schaffner, u. Weingut Schneider-Pfefferle, 22/23 laif/Raach; 26/27 huber/R. Schmid, 28/29 o. laif/Tobias Gerber, 34 DuMont Bildarchiv/Martin Kirchner, 35 visum/Sven Picker, 36 o. mauritius/Patrick Kunkel, 36 u. DuMont Bildarchiv/Martin Kirchner, 39 r., 41, 42/43 DuMont Bildarchiv/Martin Kirchner, 46/47 huber/R. Schmid, 50/51 (3x) Gretzmeier, 53 r. o. look/Daniel Schoenen, 54 l. DuMont Bildarchiv/Martin Kirchner, 55 DuMont Bildarchiv/Rainer Fieselmann, 58 l. u. DuMont Bildarchiv/Martin Kirchner, 60 o. look/age fotostock, 60 u. DuMont Bildarchiv/Martin Kirchner, 64 mauritius/Achim Sass, 65 l. visum/Sven Picker, 69 l. DuMont Bildarchiv/Martin Kirchner, 69 r. o., 71, 72/73 DuMont Bildarchiv/Markus Kirchgessner, 82 l. Schapowalow/Massimo Borchi, M. Rösterei Schwarzwild, r. Bistro Reithalle, 83 o. Thomas Stibenz, 83 l. u. Nicolas Muguet, 83 r. u. mauritius/robertharding/Markus Lange, 88/89 laif/Sahm, 94/95 laif/Berthold Steinhilber (94 l. o. © VG Bild-Kunst, Bonn 2023), 98 l. mauritius/imagebroker/Martin Moxter, 98 M. picture-alliance/Westend61, 98 r. Anja Schlatterer, 99 l. mauritius/imagebroker/Daniel Schoenen, 99 r. o. laif/hemis.fr/Denis Bringard, 99 r. M. look/Ingolf Pompe, 99 r. u. laif/Berthold Steinhilber, 101 l. picture-alliance/Arco Images, 102 o. shutterstock/Leonid Andronov, 103 DuMont Bildarchiv/Udo Bernhart, 106 o. getty/Fabrice Coffrini, 110 mauritius/imagebroker/Daniel Schoenenberger, 111 u. getty/AFP © VG Bild-Kunst, Bonn 2023, 113 l. laif/Frank Siemers, 113 r. u. mauritius/cisfo, 114 l. DuMont Bildarchiv/Martin Kirchner, 115 laif/Raach, 116 l. DuMont Bildarchiv/Rainer Fieselmann, 116 r. u. DuMont Bildarchiv/Markus Kirchgessner, 120 l. picture-alliance/Keystone/Gaetan Bally, 120 r. mauritius/Westend61/Eyecatcher.pro, 121 l. o. mauritius/Bernd Schmidt, 121 r. o. picture-alliance/Daniel Schoenen, 121 l. u. picture-alliance/Norman Krauß, 121 r. u. picture-alliance/Jürgen Wiesler
Grafische Konzeption, Art Direktion, Layout: fpm factor product münchen
Cover Gestaltung: Cyclus · Visuelle Kommunikation, Stuttgart
Kartografie: © MAIRDUMONT GmbH & Co. KG, Ostfildern
Kartografie Lawall (Karten für „Unsere Favoriten")
DuMont Bildarchiv: Marco-Polo-Straße 1, 73760 Ostfildern, Tel. 0711/450 20, bildarchiv@mairdumont.com

Anzeigenvermarktung: MAIRDUMONT MEDIA, Tel. 0711 450 20, Fax 0711 45 02 10 12, media@mairdumont.com, http://media.mairdumont.com
Vertrieb Zeitschriftenhandel: PARTNER Medienservices GmbH, Postfach 810420, 70521 Stuttgart, Tel. 0711 72 52-212, Fax 0711 72 52-320
Vertrieb Abonnement: Leserservice DuMont Bildatlas, Zenit Pressevertrieb GmbH, Postfach 810640, 70523 Stuttgart, Tel. 0711 7252-265, Fax 0711 7252-333, dumontreise@zenit-presse.de
Vertrieb Buchhandel und Einzelhefte: MAIRDUMONT GmbH & Co. KG, Marco-Polo-Straße 1, 73760 Ostfildern, Tel. 0711 45 02 0, Fax 0711 45 02 340
Reproduktionen: PPP Pre Print Partner GmbH & Co. KG, Köln
Printed in Germany